새롭지 않은
새로움에게
새 로 움 의
길 을 묻 다

새롭지 않은
새로움에게
새 로 움 의
길을 묻다

창의를 만드는
네 가지 비법

임웅 저

학지사

임복록(林福錄),
가장 친한 친구이자 버팀목이었던
이제는 세상에서 볼 수 없는
아버지라는 이름의
내 마음속 영원한 영웅,
당신께
이 책을 바칩니다.

책을
내면서

난 내가 천재라고 믿었던 때가 있었다. 동네 어른들의 영민하다는 덕담 수준의 칭찬과 시골 초등학교에서의 1등이라는 등수의 의미를 눈치채지 못한 때문이었지만, 난 내가 천재라고 굳게 믿고 있었던 그런 때가 있었다. 은밀하게 지켜 오던 나의 믿음에 조금씩 균열이 생기기 시작한 건 조금 큰 도시에서 고등학교를 다니기 시작하면서부터였고, 그 후 몇 년의 시간이 더 지나고서야 난 내가 지극히 평범한 보통 사람이라는 것을 인정하게 되었다. 그때쯤, 그러니까 내가 천재가 아니라는 사실을 인정하게 된 그때쯤, 난 창의를 공부하기 시작했다. 나와는 다르게 천재라는 이름표를 붙인 그들은 도대체 어떤 사람들일까? 타고난 재능으로 무장하고 거침없이 성과를 내는, 인류의 역사에 당당히 이름을 새겨 넣은 그들이 정말 부럽고 궁금했다.

그리고 그 궁금증에 대한 작은 단서를 발견하기까지 꼬박 20년이라는 시간이 필요했다. 이 책은 그 20년 동안 한시도 나를 떠나지 않았던 천재와 창의라는 화두에 대한 대답이다. 이 세상에 유통되는 충분히 넘쳐 나는 정보의 홍수 속에, 그저 또 하나의 소란함을 더하는 것은 아닐까 하는 걱정이 있기는 하지만, 그럼에도 내가 만드는 소란함을 기꺼이 감당해 줄 마음 넓은 독자가 있으리라 믿는다.

천재를 꿈꾸는 이 땅의 평범한 모든 이에게 힘을 주고 그들이 가야 할 길을 보여 줄, 거칠지만 의미 있는 안내서가 되기를 바라는 마음으로 이제 이 책을 세상에 내놓는다.

두렵지만, 그래도 참 기분 좋다.

2014년 봄

임 웅

C O N T E N T S

PART 2 창의를 만드는 사고

PART 3 창의를 만드는 비법

프롤
로그

물론 창의만이 중요하다고 말할 수는 없다. 창의가 모든 문제를 해결해 주는 것도 아니고, 창의만 있다고 찬란한 미래가 만들어지는 것도 아니다. 사실 우리 사회가 보여 주는 창의에 대한 열광은 어쩌면 하나의 유행으로 막을 내릴지도 모른다는 혐의가 농후하다. 만병통치약이라는 것이 있어서 그저 한 번 먹기만 하면 모든 것이 완치되는 줄 알고 먹었는데, 기대만큼의 약효가 없다면 그 약에 대한 열광은 오래 지나지 않아 사라지게 될 것이다. 창의에는 이러한 혐의가 분명 존재한다. 학교나 기업을 포함하여 우리 사회의 모든 곳에서는 끊임없이 창의를 외치고 있지만, 분명한 것은 창의가 만병통치약은 아니라는 사실이고 게다가 창의를 발현시키는 것 또한 그리 만만치 않기 때문이다.

하지만 다소 과장된 희망이 섞여 있다 하더라도 창의는 분명 매력적이다. 내가 아인슈타인이 되고 스티브 잡스가 되는 상상을 해 보자. 가슴 설레지 않는가? 내가 만든 아이디어가 세상을 바꾸고 세상을 이끌어 가는 그런 상상은 그저 상상만으로도 가슴 설렌다.

물론 부와 명예는 당연히 따라오는 보너스다. 우리 사회의 모든 곳에 자리하는 창의에 대한 열망은 이러한 희망을 반영한다. 때문에 관심은 넘쳐 나고 제안되는 기법은 정신 차리기 힘들 만큼 다양하다.

우리는 누구나 한 번쯤 창의에 이르는 안내서를 접해 봤을 것이다. 시중에 유통되는 창의를 만드는 비법들은 더 이상 은밀한 비밀이 아니다. '브레인스토밍brainstorming'이라든가 '트리즈TRIZ' 혹은 '스캠퍼SCAMPER'와 같은 용어들은 이제 더 이상 전문가의 전유물이 아닌 것이다. 이제 창의라는 단어는 신비하지도 낯설지도 않다. 완벽하게는 아니라고 하더라도, 창의가 무엇인지에 대해서는 어느 정도 알고 있다는 생각을 한다.

정말 그럴까? 우리는 이제 창의에 대해 어느 정도는 알고 있는 것일까? 혹시 넘치는 정보가 만들어 낸 익숙함이 창의를 알고 있다고 믿게 만드는 것은 아닐까?

잠시 숨을 고르고 이 질문에 답해 보자. "얼음이 녹으면 무엇이 될까?" 이는 TV에 방영되었던 광고에서의 질문이었다. 즉각적으로 떠오르는 대답은 당연히 '물이 된다'일 것이다. 하지만 광고는 '물이 된다'가 아닌 '봄이 온다'라는 답을 보여 주며, 그것이 바로 창의라고 말한다. '물이 된다'보다는 '봄이 온다'는 대답이 보다 창의적이라는 말에 우리는 고개를 끄덕인다. 굳이 복잡한 이론을 적용하지 않더라도, '물이 된다'라는 답보다는 '봄이 온다'라는 답이 평범하지 않다는 것은 너무나 당연한 얘기다.

하지만 '봄이 온다'는 대답이 어째서 창의적인가 그리고 이러한 답을 어떻게 생각할 수 있는가의 문제는 그리 간단하지 않다. 똑같은 질문을 창의적인 이공계의 천재들에게 한다면 그들은 어떤 대답을 할까? '봄이 온다'는 대답을 쉽게 할 수 있을까? '봄이 온다'는 대답이 창의적인 답이라면 그들은 자연스럽게 '봄이 온다'는 대답을 해야만 할 것이다. 하지만 그들은 이공계가 아닌가? 그런데 '봄이 온다'는 대답은 다소 인문계적인 감성이다. 그렇다면 예측은 조금 힘들어진다.

나는 이런 상황이 무척이나 흥미로웠다. 그래서 실제로 이 질문을 이공계의 영재들에게 해 보기로 했다. '물이 된다'는 대답과 '봄이 온다'는 대답 중 어떤 대답이 더 많았을까? 정말 흥미롭게도 그들의 대답은 물이 된다는 것도 봄이 온다는 것도 아니었다. 그들이 가장 많이 한 대답은 '수소결합이 감소한다'는 것이었다.

물론 그 학생들은 내가 창의를 연구하는 교수라는 것을 알고 있었기 때문에, 평범한 대답이 아닌 어느 정도 색다른 대답을 하려 했을 것이다. 그렇지만 색다른 대답을 하겠다고 결심한다고 모두가 '수소결합이 감소한다'는 대답을 쉽게 할 수는 없는 일이다. 그렇다

Hydrogen bonds

면 '수소결합이 감소한다'는 그들의 대답은 창의적인 것일까? 광고에서 말하는 '봄이 온다'는 대답은? 어쩌면 창의란 우리가 생각했던 것보다는 조금 더 복잡한 것일지도 모른다.

이제 다른 예를 하나 더 생각해 보자. 학교와 기업에서 창의 관련 강의를 하면서 나는 다음과 같은 활동을 한다. 다음과 같이 폭이 좁은 두 개의 직선이 들어 있는 18개의 사각형과 폭이 넓은 두 개의 직선이 들어 있는 18개의 사각형이 함께 제시되어 있는 종이를 주면서, 제시된 종이에 그리고 싶은 그림을 그려 보라고 한다.

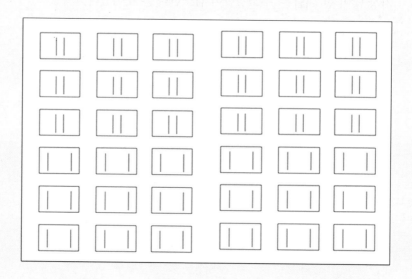

어떤 그림이라도 좋으니까 마음껏 상상력을 발휘하라고 말했기 때문에, 처음 이 활동을 시작했을 때에는 정말 다양한 그림이 나올 것이라고 생각했었다. 하지만 막상 그림을 그리게 하면 대부분의 사람들은 비슷한 그림을 그린다. 다양한 답이 나올 것만 같은데도 우리는 비슷하게 생각하고 비슷한 답을 만드는 것이다. 실제로 사람들이 그린 그림을 보기로 하자.

폭이 좁은 두 개의 선이 있는 네모 안에는 사다리나 신호등 혹은 미사일 같은 너비가 좁은 모양의 그림을 그린다.

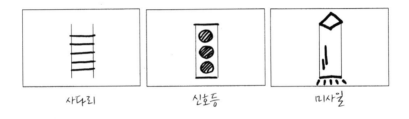

반면, 폭이 넓은 두 개의 선이 있는 네모 안에는 TV나 방석 혹은 수족관 같이 전형적으로 너비가 넓은 모양의 그림을 그린다.

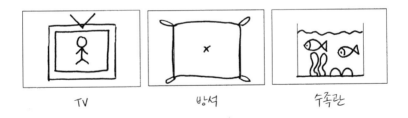

충분히 이해가 간다. 상상력을 발휘하라고 요구했지만, 상상력이라는 것이 그렇게 말처럼 쉽게 나오는 것은 아니다. 그래서 대부분의 종이는 이런 그림들로 가득 차 있다.

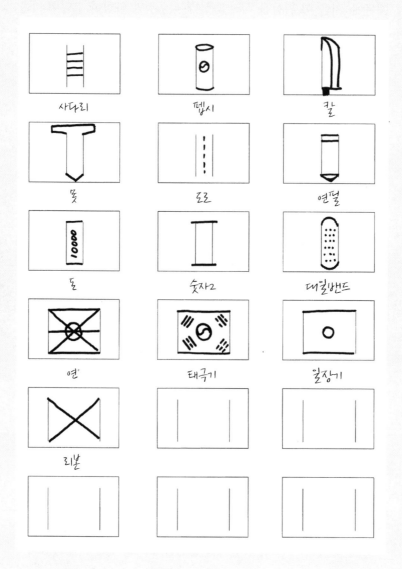

펩시

칼

못

도로

연필

돈

숫자2

대일밴드

연

태극기

일장기

리본

새롭지 않은 새로움에게 새로움의 길을 묻다

그런데 가끔은 폭이 좁은 선에 너비가 넓은 모양의 물건을 그리고, 폭이 넓은 선에 좁은 모양의 물건을 그리는 사람들이 있다. 그들은 선의 폭이 좁고 넓다는 사실에 전혀 신경을 쓰지 않는 것이다. 예를 들면, 폭이 넓은 선에 사다리나 미사일을 그리고, 폭이 좁은 선에 나비넥타이나 철봉을 그리는 것이다.

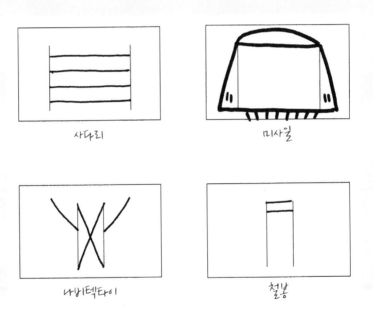

사다리   미사일

나비넥타이   철봉

우리는 이런 그림들을 보면 어딘가 어색하고 불편하다. 그런데 정작 이런 그림을 그린 사람들은 자신의 그림에 대해 전혀 불편해하지 않는 듯 보였다. 그렇다면 이들은 왜 이런 그림들을 그리는 것일까? 사다리는 폭이 좁은 선에 그리는 것이 자연스러운데 굳이 넓은 폭의 선에다 그리는 이유는 무엇일까? 이들에게는 평범하지 않은 무언가가 있는 것일까?

이것만이 아니다. 아주 가끔은 하나의 네모에 하나의 그림을 그리지 않고 여러 개의 네모를 연결해서 하나의 그림을 그리는 사람도 있다. 세 개의 네모를 이용해서 책꽂이를 그리거나 기차를 그리는 것이다.

심지어는 아예 종이의 절반을 사용해 아파트를 그리는 사람도 있다.

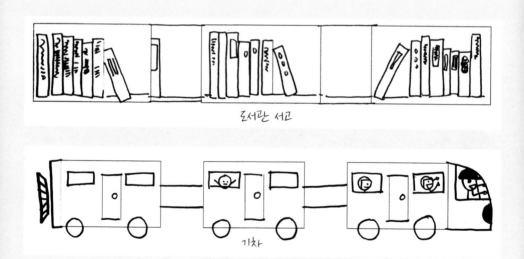

도서관 서고

기차

아파트

이런 그림을 그리는 사람들이 창의적일까? 만약 창의적이라면 그 이유는 무엇일까? 이들에게는 우리와는 다른 특별한 능력이 있는 것일까? 사실 이러한 그림들이 창의적이라는 데에 우리는 주저하지 않고 동의한다. 이러한 그림들은 분명 평범하지 않으며 독특하고 개성 넘치는 것이 사실이다. 하지만 이러한 그림들이 어째서 창의적이고, 어떻게 이런 그림을 그리는 것인가에 대해 답하는 것은 그리 만만한 일이 아니다.

도대체 무엇이 창의적인 것일까? 내가 보지 못했기 때문에 그래서 내가 새롭다고 느끼면 그건 모두 창의적인 것일까? 아니면 무엇을 알 만한 나이가 아닌 사람이 그 말을 하면 그 사람은 창의적인 사람인 걸까? 다시 말하면, 수소결합이 감소한다는 답을 화학을 전공하는 박사과정이 말하면 창의적이지 않지만, 초등학교 2학년이 말하면 창의적인 것일까?

창의적인 생각은 도대체 어떻게 만들어지는 것일까? 창의는 가르쳐지고 향상될 수 있는 것일까? 비록 은밀하기는 하지만 정확한 제조 공정이 존재하고 이를 알기만 하면 누구나 창의적인 사람이 될 수 있는 것일까? 아니면 창의란 타고난 천재가 그들만의 독특한 능력으로 어느 순간 영감을 얻어 만들어 내는 신비한 것일까?

사실 창의는 이미 우리에게 한없이 익숙한 말이지만, 여전히 모호하고 비밀스럽다. 이 책은 창의가 궁금한 모든 사람들을 위한 새로운 안내서다. 어쩌면 이 책은 지금까지 우리가 알고 있던 익숙한 창의가 아닌, 조금은 낯선 장소로 우리를 안내할지도 모른다. 낯선 장소가 주는 긴장과 어색함은 분명 있겠지만, 그래도 새로운 곳을 본다는 것은 가슴 설레는 일임에 틀림없다. 이제 이 책과 함께 창의를 만나는 그 시작의 문을 열어 보자.

Part 1

창의를
만드는
재료

창의를
만드는
재료

1.

창의의 재조명:
두 개의 창의

의식을 하고 있든 그렇지 않든 간에, 우리가 창의적이라고 말할 때에는 새로움novelty과 적절성appropriate이라는 두 가지 기준이 사용된다(Barron, 1988; Csikszentmihalyi, 1999, 2000; Jackson & Messick, 1967; Lubart, 1994; MacKinnon, 1962; Martindale, 1989; Ochse, 1990; Runco, 1997, 2000; Sternberg, Grigorenko, & Singer, 2004; Sternberg & Lubart, 1996; Vernon, 1989). 어떠한 물건이나 아이디어가 창의적이라고 말할 수 있으려면 그 물건이나 아이디어가 이전에는 없었던 새로운 것이어야 하는 동시에 유용하기도 해야 한다. 새롭기는 한데 유용하지 않다면 우리는 그것을 '엉뚱하다'거나 '이상하다'고 말할 것이고, 유용하기는 한데 새로운 점을 전혀 발견할 수 없다면 '진부하다'거나 '평범하다'고 말할 것이다. 자신의 선호에 따라 조금씩 상이한 용어를 사용하기는 하지만 대부분의 학자들은 창의를 구성하는 두 개의 축이 새로움과 적절성이라는 데에 동의한다(Mayer, 1999). 이처럼 창의를 정의하는 기준은 명료해 보인다. 어떠한 산물이 새로우면서도 동시에 적절하면 되는 것이다. 하지만 창의를 판단하는 데 있어서의 새로움과 적절함이라는 준거는 우리가 생각하는 것처럼 그렇게 간단하지만은 않다.

창의를 판단하는 기준: 적절성의 딜레마

　　　　　　　　　우선, 적절성에 대해 생각해보자. 적절성이란 만들어진 산물의 기능성에 대한 평가다. 무엇인가를 적절하다고 말한다는 것은, 그것이 의도대로 기능하고 있다는 의미다. 예를 들어, 새로운 자동차가 개발되었다면 그 자동차는 개발자가 의도한 대로 작동해야 할 것이다. 자동차 개발자가 기존의 자동차에 비해 절반의 연료만으로 움직일 수 있는 새로운 형식의 엔진을 개발했는데 결과적으로는 똑같은 양의 연료가 사용된다면, 그 엔진의 형식이 아무리 새롭다고 하더라도 그 엔진은 창의적이라는 평가를 받기 어려울 것이다. 이처럼 적절성이라는 기준에는 유용성이라는 의미가 포함되어 있다.

유용성 이외에도 창의에서의 적절성에는 가치라든가 실현 가능성 등의 의미 또한 포함된다. 만약 어떤 물건이나 아이디어가 창의적이라는 평가를 받고 있다면, 이 산물은 현대 사회에서 그 가치를 인정받고 있는 것이다. 물론 어떠한 아이디어가 가치를 인정받는다 하더라도 그 아이디어를 실현시킬 수 있는 기술이 없다면 아무리 가치 있는 아이디어라 하더라도 적절하다는 평가는 받기 힘들 수도 있다.

이처럼 유용성이나 가치 혹은 실현 가능성 등의 의미가 복합적으로 내재되어 있는 적절성이라는 기준은 만들어진 물건이나 아이디어가 창의적인지 그렇지 않은지를 판단하는 데에는 매우 중요한 단서임에 틀림없다. 하지만 만들어진 물건이나 아이디어가 창의적인지 아닌지를 평가하는 측면이 아니라, 그것이 만들어지는 과정에 초점을 맞추면 얘기는 조금 달라진다.

앞에서 말한 자동차의 경우처럼, 어떤 물건이 이전과는 완전히 다른 새로운 방식으로 만들어졌지만 결과가 그다지 유용하지 않은 경우가 있다. 이런 경우 비록 그것이 매우 새로운 방식으로 만들어졌다고 하더라도 그 물건은 창의적이라는 평가를 받기는 어렵다. 적절성이라는 준거를 만족시키지 못했기 때문이다. 만들어진 물건이 유용하지 않다면, 그것을 만드는 방식이 아무리 새롭다 하더라도 그것은 창의적이라는 지위를 가질 수 없는 것이다.

하지만 유용하지 못한 결과를 만들어 낸 그 방식을 폐기처분하기 전에 우리가 생각해 봐야 할 것이 하나 있다. 그것은 바로 대개 무언가를 만드는 방식이 새로우면 새로울수록 유용한 결과를 얻기 힘들다는 사실이다. 새로운 방식으로 무언가를 만든다는 것은 그 이전에는 아무도 시도하지 않았던 방식을 사용한다는 것이고, 이는 다시 말하면 검증되지 않은 방식을 사용한다는 의미다. 따라서 새로운 방식에는 언제나 높은 실패 확률이 내재되어 있다. 실패란 아주 작은 한 가지 실수나 아주 작은 정보 하나를 잘못 해석했기 때문에 발생할 수도 있다.

만약 실패를 만든 그러한 요인이 본질적인 문제가 아니라 처음

해 보기 때문에 발생한 아주 소소한 것이라면, 그래서 그 실수만 바로잡으면 정말 유용한 것이 만들어질 수 있다면, 단지 유용한 결과를 얻지 못했다는 이유만으로 새로운 시도를 폐기한다는 것은 너무 가혹한 것이 아닐까? 만약 두 사람이 완전히 동일한 방식을 생각해 내고 동일한 과정으로 물건을 만들었지만, 모든 과정 중에 단 하나의 정보를 잘못 해석해서 전혀 다른 물건이 만들어졌다면, 그 결과물만을 보고 두 사람의 창의에 차이가 있다고 말할 수 있을까?

가치라는 기준도 창의를 평가하는 절대적인 기준은 아니다. 가치는 시대에 따라 변하기 때문에, 어떤 물건이나 아이디어가 그것이 만들어진 시대에는 그다지 좋은 평가를 받지 못했지만 시간이 지난 후에 비로소 높은 평가를 받을 때도 있다. 지금은 천재라고 모두가 인정하는 빈센트 반 고흐Vincent van Gogh(1853~1890)의 작품들이 그가 죽은 이후에 비로소 인정을 받았다는 것은 잘 알려진 사실이다. 그렇다면 어떤 산물이 창의적이냐 아니냐를 판단하는 기준으로서의 가치는 개인이 어떻게 해 볼 수 없는 성질의 것이 되고 만다.

실현 가능성이라는 기준도 크게 다르지 않다. 어떠한 아이디어가 나왔을 때 당시에는 그 아이디어를 구체화시킬 수 있는 기술이 존재하지 않거나 어쩌면 그 아이디어 자체를 알아볼 수 있는 사람이 아무도 없다면, 그것이 정말 창의적인 것이라 하더라도 창의적인 것으로 인정받지 못할 것이다.

이처럼 창의를 판단하는 준거로서의 적절성은 만들어진 결과에 의해 판단될 수밖에 없기 때문에, 적절성이라는 준거는 산물의 유용성을 평가하는 것에만 제한될 수밖에 없다. 만약 우리의 관심이 창의적인 것을 만들어 내는 방식이나 혹은 그러한 과정을 가르치는 방법의 문제로 옮겨지면 적절성이라는 준거는 큰 의미를 갖지 않는다.

오랫동안 창의의 발현 과정을 연구해 온 와이즈버그(Weisberg, 2006)가 창의를 정의하는 데 적절성을 고려하지 않는 것이 타당하다고 주장하는 이유가 바로 이러한 문제점 때문이다. 그

Robert W. Weisberg

는 새로운 산물은 사회에서 인정되는 가치와 상관없이 모두 창의적인 것으로 인정되어야 한다고 주장한다. 그에 따르면, "창의적인 생각은 우리가 어떤 일을 하는 데 있어 의도적으로 새로운 산물을 만들 때 발생한다. 이러한 산물들이 그 사회에서 매우 가치 있는 것으로 평가될 때도 있고 그렇지 않을 때도 있지만, 그래도 그것들 모두는 창의적인 산물인 것이다. 개인이 의도적으로 만들어 낸 새로운 산물은 창의적인 산물이며, 그러한 산물을 만들어 낸 사람은 창의적인 사람"(p. 70, 강조는 원문에 있는 것임)인 것이다.

결국, 적절성이라는 준거는 어떠한 산물이나 아이디어가 창의적이냐 아니냐를 판단하는 데에는 반드시 필요한 것이지만, 이 준거는 창의

적인 물건이나 아이디어를 만들어 내는 과정을 논의하는 데 있어서는 불필요한 것일 수 있다. 다시 말하면, 창의적인 산물과 창의적인 과정은 동의어가 아닌 것이다. 산물은 비범하지만 과정은 평범할 수 있으며, 과정이 비범했지만 산물은 평범할 수도 있는 것이다. 이 책은 창의적인 생각이 만들어지는 과정에 초점을 두고 있기 때문에, 이 책에서 정의하는 창의에는 산물이 얼마나 적절한가라는 준거는 크게 개입되지 않을 것이다.

새로움은 사실 두 가지였다!

그렇다면 이제 새로움이라는 준거를 생각해 보자. 새롭다는 것은 어떤 의미일까? 우리가 어떤 물건이나 아이디어가 새롭다고 느낄 때는 언제일까? 너무나 당연한 말이겠지만, 우리가 무엇을 새롭다고 느끼는 경우는 그것이 이전에는 존재하지 않았을 때다. 무언가가 이전에 본 적이 없었던 것이라면 이는 당연히 새로운 것이다. 이처럼 새로움이라는 준거는 매우 명료하고 뚜렷해 보인다. 새로움이란 단지 이전에 없었던 그 무엇이기 때문이다.

하지만 이전에 없었던 모든 것을 일률적으로 새롭다고 말하는 것은 창의를 만드는 과정을 이해하는 데 그다지 도움이 되지 않는다. 왜냐하면 이전에 없었던 새로운 것이라 하더라도 새로운 것에는 두 종류가 있으며, 이러한 두 종류의 새로움은 서로 다른 과정을 통해 만들어지기 때문이다. 사실 우리가 창의에 대해 혼란스러워하는 이유 중 일정 부분은 바로 이 두 종류의 새로움을 구분하지 않았기 때문이라고 나는 생각한다. 따라서 새롭다고 인정되는 어떠한 결과물을 두 가지 종류로 분류하여 논의하는 것이 우리의 혼란을 해결할 수 있는 중요한 열쇠가 된다.

그렇다면 두 종류의 새로움이란 도대체 무엇일까? 프롤로그에서 말했던 '얼음이 녹으면?'이라는 질문을 생각해 보자. 아마도 우리가 가장 먼저 떠올리는 것은 '물이 된다'는 대답일 것이다. 따라서 '봄이 온다'는 대답이나 '수소결합이 감소한다'는 대답을 듣게 되면 이 두 가지 대답 모두가 참 새롭다고 생각할 것이다. 그렇다면 이 두 개의 새로움은 같은 종류의 새로움일까? 만약 그렇지 않다면 이 두 개의 대답은 어떤 점이 다른 것일까?

우선, 수소결합이 감소한다는 대답에 대해 생각해 보자. 우리가 이 대답을 새롭다고 느꼈다면, 그 이유는 무엇일까? 이유는 매우 간단하다. 우리가 그 사실을 몰랐기 때문이다. 다시 말하면, 그 대답에 대한 지식이 없었기 때문에 새롭다고 느끼는 것이다. 얼음이 녹으면 수소결합이 감소한다는 사실을 알고 있는 사람에게 이 대답은 전혀 새롭지 않을 것이다. 예를 들어, 화학과 교수가 이 대답을 들었다면 그는 이러한 대답에 그다지 놀라지 않았을 것이다.

반면, 봄이 온다는 대답이 새롭다고 생각하는 이유는 전혀 다르다. 이 대답이 새롭다고 느끼는 이유는 이 답을 모르고 있었기 때문이 아니라, 알고는 있었지만 그 답이 쉽게 떠오르지 않기 때문이다. 따라서 이러한 답은 일단 듣고 나면 '아, 나도 알고 있었는데!'

라며 무릎을 치게 된다.

　이러한 두 종류의 새로움, 즉 모르기 때문에 새롭다고 느끼는 것과 알고는 있었지만 생각이 나지 않기 때문에 새롭다고 느끼는 것의 차이를 정확히 구분하는 것은 창의를 이해하고 창의를 발현하는 시작점이 된다. 이 책에서는 지금부터 이 두 개의 새로움을 구분하여 부르기로 하겠다. 모르기 때문에 새롭다고 느끼는 새로움을 '새로운 새로움'이라 부르고, 이미 알고는 있었지만 생각하기 어려운 새로움을 '새롭지 않은 새로움'이라 부르기로 하자. 지금까지는 창의에 있어서의 새로움을 두 종류로 구분하지 않았었기 때문에 이 두 개의 용어가 조금은 낯설 수도 있겠지만, 두 개의 새로움에 대한 안내서인 이 책을 읽다 보면 이 두 개의 용어가 의미하는 것을 그다지 어렵지 않게 이해할 수 있을 것이다.

　이제 이러한 두 종류의 새로움에 대해 조금 더 자세하게 살펴보기로 하자.

새로운 새로움: 어, 내가 몰랐던 사실인데!

　　　　　　　　'새로운 새로움'이란 결과물에 대해 누구도 몰랐던 새로움을 말한다. 사실 이러한 새로움은 그것이 창의라 불리든 그렇지 않든 간에 우리 주변에 흔하게 존재한다. 예를 들어, 학술지에 실리는 논문들은 이러한 새로움으로 분류될 수 있다. 왜냐하면, 논문이란 기본적으로 이전에 알지 못했던 새로운 사실을 발견해야만 하기 때문이다. 또한 노벨상 역시 새로운 새로움으로 분류될 수 있다. 이러한 새로움은 과학 분야에서뿐만 아니라, 미술이나 음악과 같은 예술 분야에서도 어렵지 않게 발견할 수 있다. 지금부터 DNA의 이중나선구조 모형과 피카소의 걸작 〈게르니카〉를 통해 '새로운 새로움'이 어떤 종류의 새로움인지 구체적으로 알아보기로 하자.

DNA의 이중나선구조

DNA의 구조는? DNA는 디옥시리보핵산deoxyribonucleic acid: DNA의 줄임말로, 모든 세포 안에 존재하는 유전 정보를 지니고 있는 물질이다. DNA 구조의 해명은 20세기 생물학에서 가장 중요한 업적 중의 하나로 인정되는데, DNA의 구조가 이중나선형이라는 사실이 밝혀짐으로써 DNA가 어떤 방식을 통해 복제되고 후손에게 전달되는지 알 수 있게 되었다(송성수, 2011).

DNA는 기본 단위의 분자들, 즉 단량체들이 모여서 이루어진 중합체polymer다. DNA의 기본 단위인 단량체는 뉴클레오티드nucleotid라 부르는데, 다음의 그림에서 보는 바와 같이 뉴클레오티드의 구조는 5개의 탄소당pentose인 디옥시리보오스에 인산과 염기가 붙어 있는 형태다. 뉴클레오티드는 아데닌(A), 구아닌(G), 시토신(C), 티민(T)이라는 염기의 종류에 따라 네 가지로 나뉘며, DNA는 이러한 단량체인 뉴클레오티드가 연속되는 폴리뉴클레오티드 구조다.

DNA의 굵기는 2nm이고 10쌍의 뉴클레오티드가 들어 있는 1회전 사이의 길이는 3.4nm이다. DNA는 두 가닥의 폴리뉴클레오티드 사슬로 구성되어 있으며, 사슬의 골격은 당과 인산으로 연결되어 있다. 두 사슬 사이에 A는 T와, G는 C와 각각 상보적으로 결합되어 있다. 염기와 염기의 결합은 비교적 약한 수소 결합이기 때문에 이중나선은 외부 조건에 의해 단일나선으로 풀릴 수 있으며, 외부의 힘이 사라지면 다시 염기가 결합되어 이중나선으로 되돌아간다.

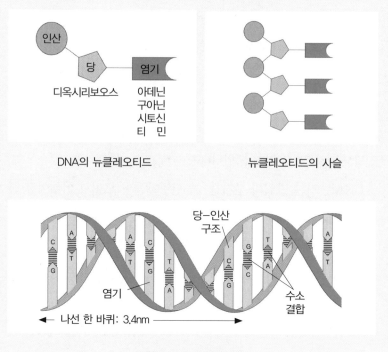

DNA의 뉴클레오티드   뉴클레오티드의 사슬

중합체 폴리뉴클레오티드

출처: 이병언(2010).

어째서 새로운 새로움인가　DNA의 구조를 밝힌 공로로 왓슨James D. Watson(1928~)과 크릭 Francis Crick(1916~2004) 그리고 윌킨스Maurice Wilkins(1916~2004)는 1962년에 노벨 생리의학상을 받았다. DNA가 이중나선구조라는 것을 알아낸 것은 창의적인 발견의 예로 빈번하게 인용되며, 이러한 구조를 밝히는 데 핵심 역할을 했던 왓슨과 크릭 등은 매우 창의적인 사람으로 인정받고 있다.

James D. Watson

DNA가 이중나선구조라는 생각은 '새로운 새로움'의 예가 될 수 있다. 왓슨과 크릭이 구조를 밝히기 전까지, 수많은 유전학자와 생물학자들이 50년이 넘도록 유전물질의 성분과 구조에 대해 연구하고 있었지만(Olby, 1994), 그 누구도 DNA의 구조가 이중나선이라는 것을 알지 못했었다. 따라서 왓슨과 크릭이 밝힌 DNA의 이중나선구조는 의심할 여지없이 새로운 것임에 틀림없으며, 이는 이전까지는 아무도 모르고 있었던 '새로운 새로움'이라 부를 수 있는 것이다.

Francis Crick

Maurice Wilkins

: DNA 연구의 역사

DNA는 1869년에 스위스인 생리화학자 프리드리히 미셰르(Johann Friedrich Miescher, 1844~1895)에 의해 처음 발견되었다. 그는 환자의 붕대에 묻어 있는 고름에서 백혈구 세포를 채취하다가 인산 성분이 매우 높고 단백질분해효소로 분해되지 않는 물질을 발견하여 이 물질을 '뉴크레인(nuclein)'이라고 이름 붙였는데, 이것이 오늘날에 우리가 알고 있는 DNA다.

그러나 DNA를 발견한 이후로도 70년 동안 미셰르를 포함한 사람들은 DNA가 유전물질이라고 생각하지 못했다. 유기체가 한 세대에서 다음 세대로 어떻게 정보를 전달하는지를 논의한 에르빈 슈뢰딩거(Erwin Schrödinger)의 『생명이란 무엇인가?(What is life?)』(1944년)와 같은 저서와 DNA가 유전자임을 암시하는 결정적인 연구 결과들(예를 들어, Avery, MacLeod, & McCarty, 1944)이 발표되면서, 1940년대가 되어서야 연구자들은 DNA가 유전물질이라는 것을 알게 되었다. 그리고 허시와 체이스(Hershey & Chase, 1952)는 DNA가 유전물질이라는 것을 증명하면서 이 공로로 노벨 생리 · 의학상을 받았다.

이후에 여러 학자가 DNA의 구조에 대해 밝히려는 노력을 시도했다. 1949년 어빈 샤가프(Erwin Chargaff)는 DNA에 들어 있는 아데닌(A)과 티민(T), 구아닌(G)과 사이토신(C)은 항상 같은 양으로 존재한다는 염기동량설을 발표했으며, 1951년 모리스 윌킨스(Maurice Wilkins)는 DNA의 X선 사진을 찍어 그 구조가 나선일 가능성을 제안했다(Judson, 1979; Olby, 1994). 단백질 연구의 대가 라이너스 폴링(Linus Pauling)은 1952년에 단백질의 일종인 알파케라틴의 형태가 나선이라는 것을 알아냈지만, 그는 데이터를 잘못 해석하였고 좋은 품질의 DNA X선 사진을 얻지 못하는 등 DNA 구조를 밝히는 과정에서 여러 가지 실수를 하면서 DNA가 3중나선이라는 가설을 발표했다. 한편, 영국의 로잘린드 프랭클린(Rosalind Franklin)은 세계에서 가장 질 좋은 DNA X선 사진을 찍었지만, 자신의 사진이 나선구조라고 확신하지는 못했다.

이처럼 세계적인 학자들이 DNA 구조에 대해 부분적인 정보를 가지고 있거나 데이터를 바르게 분석하지 못하고 있을 때, 무명 과학도였던 제임스 왓슨(James Watson)과 프란시스 크릭(Francis Crick)이 모리스 윌킨스(Maurice Wilkins)와 함께 이 모든 정보를 조합하여 DNA의 구조를 알아냈던 것이다.

피카소의 〈게르니카〉

〈게르니카〉란 우리 시대의 가장 위대한 반전反戰 기록 중 하나이며 입체파 전통의 기법과 초현실주의적 기법의 결합으로 창의적인 작품이라는 평가를 받고 있는 〈게르니카Guernica〉는 1937년 파블로 피카소Pablo Ruiz Picasso(1881~1973)에 의해 완성된 미술작품이다. 1937년 초, 피카소는 자신의 조국인 스페인 정부로부터 그 해 6월에 파리에서 열릴 국제 전시회(세계 박람회)에서 쓸 대형 천막용 그림을 그려 달라는 부탁을 받는다. 스페인 정부가 요청한 그림은 원래 스페인의 정치적 상황과는 아무 관계도 없는 것이었다. 그러나 나치Nazi가 스페인 북부 바스크 지방의 게르니카라는 작은 마을에 폭격을 가해 7,000명의 주민 중 1,600여 명이 사망했다는 기사를 접한 피카소는, 스페인의 파시스트 반군을 비판하는 그림을 그리게 되고, 이것이 바로 그 유명한 〈게르니카〉인 것이다.

폭격에 대한 기사를 접한 후, 5월 1일에 시작된 피카소의 〈게르니카〉는 폭발적인 집중력으로 단 6주 만에 완성되었다. 나치가 게르니카에 퍼붓는 폭격 장면을 묘사한 이 그림은, 황소

Pablo Ruiz Picasso

〈게르니카〉(피카소, 1937년)

라든가 육체에서 떨어져 나온 공포 서린 눈, 그리고 울부짖는 여인과 그 여인을 짓밟고 있는 말 등을 소재로 전쟁의 잔학한 참상에 대한 추상화된 상징을 담아내고 있다.

〈게르니카〉는 완성된 이후 스페인이 아닌 미국 및 유럽 전역을 전전해야 했는데, 이는 스페인이 다시 공화국 체제로 전환되기 전까지는 이 그림을 스페인으로 돌려 보낼 수 없다는 피카소의 주장 때문이었다. 스페인 반군 정부인 프랑코 정부의 반복되는 요청에도 불구하고 피카소는 뜻을 굽히지 않았기에, 〈게르니카〉가 뉴욕에서 다시 조국 스페인으로 돌아온 것은 피카소와 프랑코가 모두 숨진 뒤인 1981년의 일이었다(Farthing, 2007).

어째서 새로운 새로움인가   그렇다면 〈게르니카〉의 어떤 점이 이

전에는 없었던 새로움일까? 〈게르니카〉를 창의적으로 평가하는 데에는 다양한 관점이 있다. 기존의 입체주의에서 종합적 입체주의로 진일보시켰다는 점을 창의적인 이유로 말하는 사람들도 있고, 기존의 영웅적 행위를 묘사했던 전쟁화를 넘어 휴머니즘을 장착한 새로운 전쟁화라는 점이 창의적이라고 평가하는 사람들도 있다. 이 책에서는 역사화로서의 〈게르니카〉의 새로움에 초점을 맞추고자 한다. 게르니카는 역사적 사건을 토대로 그려진 역사화로 분류될 수 있는데, 이전의 역사화와는 전혀 다른 새로운 형태를 취하고 있다.

일단 〈게르니카〉 이전의 역사화들에 대해 잠시 살펴보기로 하자. 역사화는 시대에 따라 조금씩 초점을 달리하며 발전해 왔다. 르네상스 시대, 즉 15~16세기의 역사화는 주로 사회 지도층이 요구하는 역사적 사건을 사실적으로 표현하는 데 중점을 두었다. 고대의 역사적 사건을 르네상스 시대의 의상이나 무대로 포장해 표현한다든지, 동시대의 사건을 고대의 사건과 일치시켜 표현하는 등 고대의 위대한 유산과 아우라에 기대어 영웅적인 사건 혹은 인물을 표현하려 하였다. 고대의 휴머니즘을 새롭게 조명하고 이성의 힘과 조화를 말하고자 했던 라파엘로Sanzio Raffaello(1483~1520)의 〈아테네 학당School of Athens〉은 그 당시 그려진 대표적인 역사화라고 할 수 있다. 이 시기의 역사화는 화가들의 주체성이나 시대의식 등이 반영된 것이 아니라, 단지 르네상스로 인한 사회 지도층의 고전 취향이 반영된 결과물이었다(이주헌, 2003).

17세기에는 화가들 스스로가 역사화의 주제를 선택하는 경향이 두드러졌다. 하지만 그 주제의 대부분은 대중성을 노린 드라마틱한 주제들이었다. 특히 일반 대중이 많이 찾는 파리나 런던의 살롱전이나 아카데미전에 출품되는 역사화는 대중이 좋아할 만한 드라마틱한 역사적 사건을 주제로 한 것이 대부분이었다. 17세기 프랑스 역사화의 모범이라 불리는 푸생Nicolas Poussin(1594~1665)의 〈게르마니쿠스의 죽음The Death of Germanicus〉은 이 시대의 사조를 보여 주는 대표적인 예라 할 수 있다.

역사화가 서양회화에 있어 가장 강력한 위용을 떨친 시기는 18세기였다. 18세기 역사화의 특징은 메시지를 담은 사실적 혁명화라는 말로 요약될 수 있는데, 혁명이 끝난 후 새로운 질서를 구축하려는 사회의 바람이 고대 로마의 위대한 질서를 화폭에 수놓게 했고, 새로운 시대정신을 창조한다는 자부심이 도덕적 메시지뿐만 아니라 정치적 메시지를 담은 역사화를 쏟아내게 했다. 자크 루이 다비드Jacques Louis David(1748~1825)의 〈테니스 코트의 서약The Oath in the Tennis Court〉과 같은 작품이 이러한 예다.

19세기에는 민족의 신화 또는 당대의 사건에 역사의식을 담아 이를 선정적으로 표현하는 역사화가 유행하였다. 나라마다 민족의식이 크게 고취되고 있었던 19세기에는 기독교나 그리스 혹은 로마의 신화뿐만 아니라 각 민족 고유의 신화와 관련된 주제가 크게 인기를 끌었고, 역사의식 및 저널리즘의 발달과 더불어 당대의 사건을 박진감 넘치게 혹은 선정적으로 표현하는 역사화가 늘었다. 외젠 들라크루와Ferdinand Victor Eugène Delacroix (1798~1863)의 〈민중을 이끄는 자유의 여신The 28th July: Liberty Leading the People〉은 이러한 기풍의 대표작으로 손꼽히고 있다.

〈아테네 학당〉(라파엘로, 1510년)

〈게르마니쿠스의 죽음〉(푸생, 1628년경)

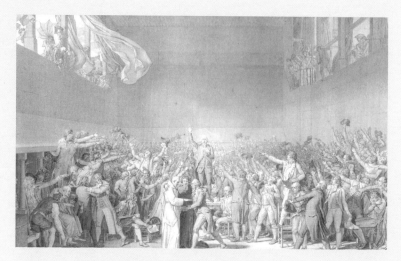

〈테니스 코트의 서약〉(다비드, 1791년)

〈민중을 이끄는 자유의 여신〉(외젠 들라크르와, 1830년)

지금까지 살펴본 다양한 역사화를 〈게르니카〉와 비교해 보면, 〈게르니카〉가 기존의 역사화들에 비해 얼마나 새로운 작품인지 어렵지 않게 짐작할 수가 있다. 역사화로서의 〈게르니카〉의 새로움은 사실적 요소와 주관적 요소의 적절한 혼합에 있다고 평가받는다. 〈게르니카〉는 그 제목에 나타나 있듯이 동시대인이라면 누구나 알 수 있는 역사적 사실을 피카소 자신의 주관적 분석을 통해 표현한 것이다. 〈게르니카〉에는 사건 그 자체보다는 예술가 자신의 주관적 반응이 더 부각되어 있다. 따라서 이 작품은 역사화이기는 하지만, 역사적 사실을 묘사한다기보다는 역사적 사건이 피카소에게 끼친 영향에 초점이 맞춰져 있다고 볼 수 있다. 역사적 사실을 모티브로 하여 작가 자신의 이념과 철학을 담은 〈게르니카〉는 이런 면에서 이전의 역사화와는 전혀 다른 새로움이 내재되어 있는 작품인 것이다(Walter, 2005).

지금까지 우리는 DNA의 이중나선구조와 피카소의 〈게르니카〉에 대해 살펴보았다. 이 두 가지 예는 각 분야에서 대부분의 전문가들로부터 창의적이라는 평가를 받아 왔다. 이 두 가지 예를 창의적이라고 평가하는 가장 큰 이유는 이전에는 이러한 것들이 없었기 때문이다. 왓슨과 크릭이 DNA의 구조를 발표하기 전에는 그 구조가 이중나선이라는 것을 아무도 알지 못했으며, 피카소 이전에는 〈게르니카〉와 같은 역사화를 볼 수 없었다. 이는 분명 이전과는 상이한 전적으로 새로운 것들이며 따라서 우리는 이들을 창의적이라고 부르는 데 주저하지 않는다.

그렇다면, 이러한 '새로운 새로움'은 어떻게 만들어지는 것일까? 여기에 답하기 전에 일단 또 하나의 새로움, 즉 '새롭지 않은 새로움'에 대해 알아보도록 하자.

새롭지 않은 새로움: 아, 나도 알고 있었는데!

'새로운 새로움'이 그 결과물에 대해 누구도 몰랐던 새로움이라면, '새롭지 않은 새로움'은 알고는 있었지만 쉽게 떠오르지 않는 그러한 새로움을 의미한다. 따라서 이러한 새로움은 일단 그 결과물을 접하게 되면 자기도 그것을 알아낼 수 있었다는 생각을 하게 된다. 이러한 '새롭지 않은 새로움' 또한 창의적이라고 인정되는 경우가 상당히 많다. 따라서 새롭지 않은 새로움의 특징과 이것이 발현되는 과정을 이해하는 것은 '새로운 새로움'의 창의와는 또 다른 창의적인 무언가를 만드는 데 직접적인 도움을 줄 수 있다. 이제 '새롭지 않은 새로움'의 특징을 벅민스터 풀러의 지오데식 돔과 보행자를 위한 자동차의 에어백을 통해 알아보기로 하자.

벅민스터 풀러의 지오데식 돔

지오데식 돔이란   지오데식 돔
Geodesic Dome은 1954년 벅민스터 풀
러Richard Buckminster Fuller(1893~1983)가
고안한 반구형 구조물이다. 지오데
식 돔의 기본 면은 삼각형으로 구성
된다. 따라서 지오데식 돔은 다음의
그림에서 보는 바와 같이 작은 삼각
형을 이어 붙임으로써 만들어질 수 있다.

Richard Buckminster Fuller

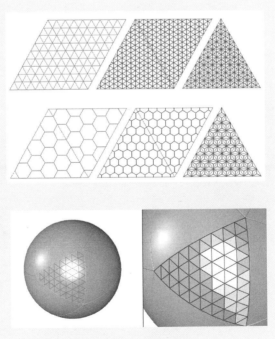

지오데식 돔의 축조 원리
출처: http://blog.daum.net/3dpuzzle/5691015

이 구조물의 가장 큰 특징은 기둥이 없는 상태로 넓은 공간을 만들 수 있다는 점이다. 또한 면적이 커질수록 이에 비례해서 상대적으로 더 가볍고 강하게 만들 수 있기 때문에 매우 큰 돔 건물을 만드는 것도 가능하다. 실제로, 풀러는 눈과 비를 피할 수도 있으며 햇빛과 공기도 조절할 수 있는 지름 3킬로미터에 달하는 지오데식 돔을 만들자고 제안하기도 했다. 이러한 제안은 실현되지 않았지만 지오데식 돔은 1967년 몬트리올 만국박람회에서 미국관으로 실현됐고, 그 뒤 실내 체육관, 극장, 온실, 전시회장 등 다양한 건물을 만드는 데 이용되고 있다. 이처럼 내부에 기둥이 하나도 없으면서도 매우 단단한 특성을 가진 초대형 공 모양의 건축양식인 지오데식 돔은 현대 건축사의 한 획을 긋는 창의적인 방식으로 만든 건축물로 인정받고 있다.

1967년 몬트리올 만국박람회의 미국관
출처: http://commons.wikimedia.org/wiki/File:Biosph%C3%A8re_de_
Montr%C3%A9al_en_juillet_2011.jpg

어째서 새롭지 않은 새로움인가 지오데식 돔은 그 표면을 기하학적 역학 관계를 사용하여 완성한 매우 새로운 개념의 건축물이었다. 이러한 지오데식 돔이 현대 돔 건축 양식에 가장 창의적인 구조물 중 하나로 인정받는 데에는 여러 가지 이유가 있다.

우선, 기존의 돔 형식 구조물의 한계를 극복했다는 점이다. 돔 구조는 높고 넓은 공간을 확보하는 데 유리하며 힘이 모든 부분에 골고루 분산되기 때문에 압력에 강해 기둥을 세우지 않아도 자체의 무게를 잘 견딘다는 장점이 있다. 이는 아치형 다리가 어떤 접착제나 연결고리 없이도 튼튼한 건축이 되는 것과 같은 이치다. 또한 재료가 적게 들고 외부와 닿는 표면적의 넓이가 작아 냉난방에 유리하다는 것도 돔 구조의 장점이라 할 수 있다.

하지만 일반적으로 돔 건축물에는 창이나 문 주위에 날개처럼 튀어나온 버팀벽이 있거나 돔 아랫부분 둘레에 두껍게 덧쌓아 놓은 흙 부대가 있다.

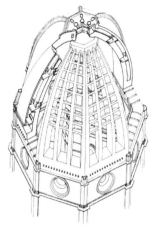

피렌체의 대성당
출처: http://www.florenceitaly.org/tag/art-history-course/
http://faculty.etsu.edu/kortumr/HUMT2320/earlyrenaissance/htmdescriptionpages/domedesign.htm

이들은 모두 수직하중이 분산되면서 벌어지려고 하는 횡적 팽창력을 막아 주는 역할을 하는 것으로, 이러한 횡적 팽창력은 돔 구조에 내재된 치명적 약점으로 작용한다. 이로 인해 돔 구조물은 일반적으로 기준 반지름이 5미터 이하인 경우가 많으며, 5미터 이상이면 버팀벽 시공을 해야 하는 등 매우 불편한 공정을 거치게 된다(김성원, 2009).

이에 반해, 지오데식 돔은 그 표면이 삼각형이라는 가장 단단하고 안정성 있는 구조로 구성되어 있기 때문에 횡적 팽창력의 영향을 받지 않는다. 따라서 전통적인 돔 구조물에 비해 더 적은 재료로 훨씬 더 큰 공간을 얻을 수 있다. 더욱이 매우 가볍고 안정되며 견고한 구조까지 제공한다.

다음으로, 지오데식 돔이 창의적이라 불리는 또 다른 이유는 비용 효과 측면에 있다. 지오데식 돔은 가장 비용 효과적인 돔 구조물로 알려져 있다. 지오데식 돔이 개발되기 이전까지만 하더라도 돔 구조는 건축물 중에서도 가장 비용이 많이 드는 구조물 중의 하나였다. 일단 나무로 틀을 짜고 그 위에 돌을 얹어서 기초를 구성한 후, 목재 설치물을 세워서 완성한다. 이는 엄청난 시간과 노력 그리고 비용을 담보로 한다. 대표적인 예로 터키의 성 소피아 성당의 완공을 위해 1만 명이 넘는 노동자가 고용되었고, 성 베드로 대성당은 막대한 비용이 들었을 뿐만 아니라 시공한 지 120년 만에 축성될 수 있었다.

하지만 지오데식 돔은 삼각형 형태로만 만들어지기 때문에 건축 공정이 매우 쉽다는 장점을 갖는다. 삼각형은 변의 길이만으로 모

터키의 성 소피아 성당

성 베드로 대성당

양이 정해지기 때문에 지오데식 돔을 만들기 위해서는 삼각형 각 변의 길이를 계산해서 이웃한 모서리와 연결되도록 계속 이어 나가기만 하면 될 뿐이다. 실제로 이쑤시개 같은 것을 정확한 길이로 잘라 놓을 수 있다면 그것들을 차근차근 붙여 지오데식 돔을 만드는 것은 그리 어려운 일이 아니다. 따라서 지오데식 돔은 완공 기간이 놀랄 만큼 짧다는 장점을 갖는다. 예를 들어, 1957년에 호놀룰루에 지어진 지오데식 돔 형태의 오라토리움은 자재가 준비된 후 객석까지 완공하는 데 단지 22시간이 소요되었을 뿐이었다.

시간뿐만 아니라 소요경비 또한 매우 경제적이다. 몽골의 원시 텐트인 게르Ger의 경우 한 가족이 거주할 수 있는 게르 하나를 세우는 데 약 1,500달러에서 2,000달러 정도의 경비가 드는 데 반해, 벅민스터 풀러가 1975년 선보인 세계 최초의 돔형 텐트인 '오벌 인텐션Oval intention tent'의 가격은 불과 700불 정도인 것으로 알려져 있다. 이러한 돔 형태의 텐트는 1976년 영국 캐나다 합동 탐사대의 파타고니아 원정 당시 시속 200km 폭풍설에 유일하게 살아남아 대원들의 생명을 지켜주면서 그 우수성을 인정받았다. 이 정도로 견고한 텐트가 원시 텐트의 절반 가격이라는 것을 생각해 보면, 지오데식 돔이 얼마나 비용 효과적인지를 짐작할 수 있을 것이다.

현대 건축사의 한 획을 그었다고 평가받는 지오데식 돔은 분명 새로운 산물임에 틀림없다. 또한 이 돔 구조의 건축물은 크기의 제한도 없고 시간이나 비용 그리고 견고함에 이르기까지 다양한 조건을 만족시킨다는 점에서 적절성의 기준 역시 만족시키고 있다. 다시 말하면, 지오데식 돔은 창의적인 산물인 것이다.

몽골의 원시 텐트 게르
출처: http://prettylittlepassport.com/hot-
stone-massage-at-the-dinner-table/

세계 최초의 돔형 텐트 오벌 인텐션
출처: http://thenorthfaceblog.kr/40200846
057

그렇다면 지오데식 돔의 새로움은 앞서 살펴보았던 DNA라든가 〈게르니카〉의 새로움과 어떤 차이가 있을까? 아마도 가장 큰 차이는 지오데식 돔을 만드는 데 필요한 지식이 그다지 새로운 것이 아니라는 사실일 것이다.

DNA의 경우, 그 구조가 이중나선이라는 사실은 왓슨과 크릭이 모형을 발표하기 전까지 누구도 알지 못했으며, 어떻게 그 구조를 알아냈는지는 왓슨과 크릭이 알려 주지 않는 한 누구도 알 수 없었던 그러한 새로움이었다. 하지만 지오데식 돔을 만드는 데 필요한 지식은 단지 삼각형 구조를 이어 붙인다는 것뿐이었다. 다시 말해, 트러스 구조truss construction에 대해 알고 있는 건축가라면 지오데식 돔의 원리를 이해하는 것은 그다지 어렵지 않다는 의미다.

건축에서의 트러스 구조는 일반적인 기본 지식이다. 트러스 구조란 삼각형으로 짜 맞춘 구조로서, 사실 건축물의 뼈대가 되는 철골은 거의 모두 삼각형으로 짜 맞추어져 있다. 공사장에서 볼 수 있는 빌딩의 철골 구조에서나 한강철교와 같은 다리에서 이러한 구조물은 쉽게 관찰된다.

건축물에서 트러스 구조를 선호하는 이유는 삼각형의 기하학적 특성 때문이다. 삼각형의 모양은 세 변의 길이만으로 완전히 정해진다. 따라서 세 개의 막대를 연결해 삼각형을 만들어 놓으면 변형

다리에서의 트러스 구조
출처: http://en.wikipedia.org/wiki/File:Kingston-Rhinecliff_Bridge2.JPG

이 일어날 수 없다. 반면, 사각형은 네 변의 길이가 모두 정해지더라도 다른 모양으로 찌그러질 수 있다. 결국 삼각형 외에 다른 모양으로 만들어진 구조물의 경우에는 큰 힘이 가해졌을 때 철골 자체가 휘거나 부러지지 않는다 하더라도 다음 그림에서와 같이 전체적인 변형이 일어날 수 있는 것이다.

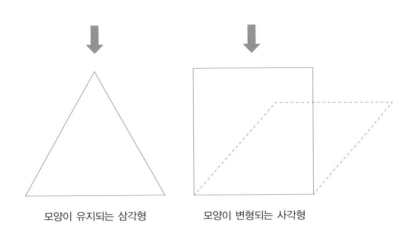

모양이 유지되는 삼각형   모양이 변형되는 사각형

지오데식 돔은 기본적으로 삼각형 구조를 기초로 만들어지는 트러스 구조이므로 건축과 물리에 전문성을 갖는 사람이라면 그 원리를 이미 알고 있었을 것이다. 하지만 그 원리를 알고 있다 하더라도 아무도 이러한 지오데식 돔을 만들지 않았기에 지오데식 돔은 세상에 존재하지 않았던 새로운 것이었다. 지오데식 돔은 트러스 구조의 변형일 뿐이다. 따라서 지오데식 돔은 분명 새로운 것이지만, 그 새로움을 구성하는 요소는 전혀 새로운 것이 아니었다. 이

것이 바로 지오데식 돔의 새로움을 '새롭지 않은 새로움'이라 부르는 이유다.

이제 새롭지 않은 새로움의 또 하나의 예로 '보행자를 위한 자동차의 에어백'을 살펴보기로 하자.

보행자를 위한 자동차의 에어백

보행자를 위한 에어백이란　보행자가 자동차와 충돌했을 때, 보행자를 보호하는 방법은 크게 수동적 안전passive safety과 적극적 안전active safety으로 구분된다. 수동적 안전은 보행자의 상해를 감소시키기 위하여 보행자가 충돌하는 자동차의 전면, 즉 범퍼나 후드 혹은 전면 창유리 등의 재질이나 설계를 변경하는 방법을 의미한다.

반면에, 적극적 안전은 전개형 후드 시스템active hood lifting system이나 혹은 보행자 보호 에어백pedestrian protection air-bag 등 보다 적극적인 장치를 이용하여 보행자를 보호하는 방법이다. 전개형 후드 시스템이란 보행자 교통사고 발생 시, 자동차의 후드를 일정 높이 이상(60~100mm) 들어 올려 상해를 감소시키는 장치다.

보행자 보호 에어백은 다음의 그림에서 보는 바와 같이 보다 적극적으로 보행자 상해를 감소시키기 위하여 자동차 전면 창유리와 같은 보행자 상해 취약 부위에 에어백을 전개시켜서 보행자의 머리 상해를 최소화시키는 방법이다. 2012년 3월 스웨덴의 자동차 회사인 볼보Volvo에서는 세계 최초로 보행자 에어백을 장착한 자동차를 선보였다(실제로 이를 개발한 회사의 이름은 autoliv 사다).

전개형 후드 시스템

출처: http://board,auto,daum,net/gaia/do/car/column/read?bbsId=carcolumn&articleId=342&pageIndex=&sear chKey=&searchValue=&objCate1=26

보행자 보호 에어백

http://officialandreascy.blogspot.com/2012/03/volvo-introduces-v40-worlds-first.html

어째서 새롭지 않은 새로움인가　에어백은 차량 충돌 시의 충격으로부터 자동차 승객을 보호하는 장치로서 안전벨트와 더불어 대표적인 탑승객 보호 장치로 분류된다. 에어백 시스템은 감지 시스템sensor diagnostic module과 에어백 모듈air-bag module로 이루어져 있는데, 감지 시스템은 센서와 배터리 그리고 진단장치 등으로 구성되며, 에어백 모듈은 에어백과 작동기체 팽창장치로 이루어져 있다.

에어백이 작동하는 과정은 폭발과정 센서에 충돌이 감지되면 작동기체장치가 폭발되며, 이때 분출되는 가스로 인해 에어백이 순간적으로 부풀게 된다. 충돌부터 에어백이 완전 작동되는 시간은 보통 0.03~0.05초 정도이며, 최근의 에어백은 운전자 전면뿐만이 아니라 측면에도 설치되는 등 탑승자를 보다 안전하게 보호하기 위해 끊임없이 발전하고 있다(최인정, 2001).

이러한 에어백이 차량의 내부가 아닌 외부에서 작동하도록 설계된 볼보의 신차는 분명 지금까지 보지 못했던 새로움에 틀림없다. 이러한 새로움을 '새롭지 않은 새로움'으로 분류하는 이유는 자명하다. 보행자를 위한 에어백은 분명 새로운 아이디어지만 이 아이디어를 만드는 데 필요한 기술은 에어백이 작동되는 원리를 아는 에어백 전문가에게는 전혀 새롭지 않은 것이기 때문이다. 이러한 에어백은 단지 차량의 외부에서 작동할 뿐, 내부에서 작동되는 에어백과 그 원리는 전혀 다르지 않았다.

사이드 에어백 작동 모습

출처: http://www.emercedesbenz.com/Jan07/18_The_2008_
Mercedes_Benz_C_Class_Body.html

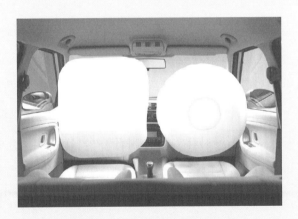

듀얼 에어백 작동 모습(운전석과 조수석)

http://www.skoda-auto.co.in/models/HotspotDetail?HotspotName=Driv
er+Front+Airbag&WebID=c62763ef-f400-4b4a-b078-
90bf425a4afd&Page=technology

지금까지 살펴본 것처럼 창의에서 말하는 새로움은 '새로운 새로움'과 '새롭지 않은 새로움'이라는 두 종류로 구분될 수 있다. 이러한 분류가 필요한 이유는 똑같이 새로운 것이라 하더라도 이들이 만들어지는 과정이 각각 다르기 때문이다. 만들어지는 과정이 다르다는 것은 결국 이를 개발하고 향상시키는 과정 역시 다르다는 것을 의미한다. 따라서 이 두 개의 새로움이 만들어지는 과정을 이해하지 못한다면 창의를 신장시키는 구체적인 방법을 찾을 수 없을 것이다.

그렇다면 '새로운 새로움'과 '새롭지 않은 새로움'은 어떻게 만들어지는 것일까? 이러한 새로움이 만들어지는 구체적인 과정을 알아낼 수 있을까? 만약 알 수 있다면 그 과정을 따라 노력하기만 하면 누구라도 이러한 새로움을 만들어 낼 수 있는 것일까? 아니면 타고난 재능이나 지능처럼 선천적인 능력이 있어야만 하는 것일까?

이제 어떤 사람들이 이러한 새로움을 만드는가에 대한 얘기로부터 창의를 만드는 과정에 대한 논의를 시작하기로 하자. 도대체 창의적인 무언가를 만드는 사람은 어떤 사람일까? 그 사람들은 평범한 우리와는 다른 무엇인가를 타고난 천재들일까? 그리고 그들에게는 그들만의 비법이 있는 것일까? 이는 창의를 만드는 재료가 무엇인가에 대한 질문이며, 이에 대한 답은 창의를 발현시키기 위해 우리가 무엇을 준비하고 무엇을 해야 하는가에 대한 구체적인 방향을 제시해 줄 수 있을 것이다.

2

천재에 대한 진실:
생물학적 유전 대 사회적 유전

창의를 생각하면 가장 먼저 떠오르는 것이 아마도 천재라는 말일 것이다. 무언가 대단한 것을 볼 때 우리가 하는 말을 떠올려 보자. "저걸 도대체 누가 만든 거야? 정말 천재다, 천재!" 이처럼 우리는 우리가 상상할 수 없는 대단한 것을 볼 때 너무나 자연스럽게 천재라는 말을 떠올린다. 창의적이라 이름 붙여진 대부분의 것들은 평범한 우리의 상상을 벗어나기 때문에 그러한 것들은 무언가 특별하고 대단한 능력을 가진 사람만이 할 수 있다고 우리는 생각한다.

그렇다면 천재라 불리는 그들은 도대체 무엇을 가지고 있는 걸까? 평범한 사람에게는 없는 특별한 재능일까? 아니면 그대로 따라 하기만 하면 창의적인 것을 만들 수 있는 은밀한 비급일까? 만약 그들이 평범한 사람과는 다른 무엇을 가지고 있다면, 그것은 도대체 어떻게 얻어진 것일까? 그들은 태어날 때부터 우월한 유전자를 몸에 지니고 태어난 것일까? 아니면 복권에 당첨되는 것처럼 어느 날 불현듯 자기도 모르게 그런 행운을 잡은 것일까?

이러한 질문은 천재라 이름 붙여진 사람들의 능력에 대한 궁금 증으로부터 나온다. 그렇다면 그들의 능력은 어떻게 만들어진 것일까? 태어날 때부터 가지고 태어나는 유전적인 것일까? 아니면 태어나서 후천적으로 만들어지는 것일까?

천재를 연구해 온 수많은 학자들 역시 우리가 궁금해하는 이러한 질문들에 관심을 가져왔다. 천재가 지닌 속성을 정확히 알 수 있다는 것은 결국 창의를 만드는 재료에 대해 알 수 있다는 의미이기 때문이다.

천재는 생물학적 유전의 결과인가

천재에 대해 연구한 학자들이 가장 먼저 관심을 기울인 문제는 천재가 타고나는 것이냐 아니면 만들어지는 것이냐의 문제였다. 이 문제를 처음으로 체계적으로 연구한 프랜시스 골턴Francis Galton(1822~1911)은 1869년 『유전적 천재Hereditary genius』라는 제목의 자신의 저서에서 창의를 만드는 천재의 속성은 선천적으로 유전된다고 주장했다. 그는 천재를 선천적 능력natural ability의 양이 예외적으로 많은 사람으로 정의한다. 천재의 기준을 선천적 능력으로 삼고 있다는 것은 결국 천재란 유전의 결과라는 의미인 것이다.

골턴이 이러한 주장을 하게 된 가장 큰 이유는 다양한 영역에서 뛰어난 성취를 보인 사람의 가계도에 대한 방대한 리스트를 분석한 결과 때문이었다. 골턴이 조사한 역사적으로 뛰어난 인물들 중 절반에게는 천재성을 가진 아버지나 가까운 친척이 있었다. 예를 들어, 골턴 자신은 진화론의 창시자인 찰스 다윈의 사촌이며, 찰스 다윈은 초기 진화론자인 에라스무스 다윈의 손자였다. 또한 찰스 다윈에게는 천문학, 식물학, 우생학 그리고 토목 분야에서 두각을 나타낸 4명의 유명한 아들이 있었다. 골턴은 자신의 연구를 통해 부모가 천재 수준의 선천적 능력을 갖고 있다면 그들의 자녀는 평균적인 부모들의 자녀들보다 천재가 될 확률이 높다고 결론 내렸다.

학자들의 연구 결과가 아니더라도, 천재 가족이라 이름 붙여질 만한 가족들이 있다는 점 또한 천재성이 유전의 영향이라고 믿게 한다. 우선, 과학 분야에서의 노벨상 수상자들을 살펴보자. 1901년 이 권위 있는 상이 수여된 이후로 아버지와 아들이 노벨상을 수상한 경우는 여섯 번이 있었는데, 가장 최근의 예는 콘버그 부자다. 아버지인 아서 콘버그Arthur Kornberg(1918~2007)는 세포가 분열할 때 DNA의 복제 과정을 규명한 공로로 1959년에 노벨 생리의학상을 받았으며, 아들인 로저 콘버그Roger D. Kornberg(1947~)는 DNA에서 RNA가 합성되는 전사 과정을 규명하여 2006년에 노벨 화학상을 수상했다.

아버지와 아들 이외에, 어머니와 딸도 한 차례가 있었는데 어머니인 마리 퀴리Marie Curie(1867~1934)는 방사능의 발견으로 1903년 노벨 물리학상을, 라듐의 발견으로 1911년 노벨 화학상을 수상하였고, 그녀의 딸 이렌 퀴리Irène Joliot Curie(1897~1956)는 인공 방사성 원소의 합성으로 1935년 노벨 화학상을 수상하였다.

형제가 수상한 경우도 있었는데, 형인 얀 틴베르헨Jan Tinbergen
(1903~1994)은 계량 경제학을 발전시킨 공로로 1969년 노벨 경제학
상을 수상하였고, 그의 친동생인 영국의 동물학자 니콜라스 틴베르
헨Nikolaas Tinbergen(1907~1988)은 1973년 노벨 생리의학상을 수상하
였다.

삼촌과 조카가 수상한 경우도 있다. 인도의 물리학자인 찬드라
세카라 라만Chandrasekhara Venkata Raman(1888~1970)은 라만 효과를 발
견한 공로로 1928년 노벨 물리학상을, 그의 조카인 수브라마니안
찬드라세카르Subrahmanyan Chandrasekhar(1910~1995)는 별의 진화 연구
에 관한 업적으로 1983년 노벨 물리학상을 수상하였다.

문득 보기에는 이들의 수가 별로 많아 보이지 않을 수도 있지만,
노벨상을 수상할 확률 자체가 매우 낮기 때문에 이를 근거로 천재
성이 유전된다고 주장하는 것이 터무니없는 일만은 아닌 것이다.

과학 분야에서뿐만 아니라 음악 분야에서 바흐Bach의 가계를 살펴
보더라도 천재성에 대한 유전의 영향을 무시하기 힘들다는 것을 알
수 있다. 바흐 집안의 가계를 살펴보면 파이트 바흐Veit Bach(1577~1619)
부터 요한 크리스찬 바흐Johann Christian Bach(1735~1782)까지 7대에 걸쳐
60여 명의 뛰어난 음악가가 배출되었던 사실을 발견할 수 있다
(Vernon, 1989).

이처럼 어떠한 분야에서의 뛰어난 업적을 보이는 천재들이 생물
학적으로 유전된다고 믿을 만한 증거가 우리 주위에서 어렵지 않
게 발견되고는 있지만, 이러한 결과만으로 천재를 생물학적 유전의

산물이라고 단정 지을 수는 없다. 천재가 타고난 생물학적 속성에 영향을 받는다고 결론 내리기 위해서는, 천재성을 발휘하는 데 필요한 속성이 유전된다는 사실을 확인해야만 한다. 다시 말하면, 어느 분야에서 뛰어난 성과를 만드는 것이 후천적인 노력이 아닌 타고난 재능이나 지능 때문이라는 것을 확인해야만 하는 것이다. 왜냐하면, 아버지와 아들이 노벨상을 수상했다 하더라도 그 이유가 아버지로부터 물려받은 재능이나 지능 때문이 아니라 평소 아버지가 조성해 놓은 공부하는 습관이나 노력하는 태도 등 환경적인 측면에 영향을 받았을 가능성 또한 배제할 수 없기 때문이다.

따라서 천재성이라는 것이 생물학적으로 유전된다고 결론 내리기 위해서는, 천재를 만드는 재료라고 가정되면서 유전으로밖에 설명할 수 없는 속성들, 예를 들어 재능이나 지능과 창의의 관계에 대해 살펴볼 필요가 있다.

창의를 만드는 재료로서의 재능과 지능

우선 재능talent에 대해 살펴보자. 재능은 높은 수행력을 만드는 결정적인 요인으로 생각되어 온 속성이다. 재능이란 분명 유전적으로 타고나는 속성이다. 예를 들어, 음악에 있어서의 절대음감은 타고나지 않으면 노력만으로는 갖기 불가능한 재능이다. 창의적인 것을 만드는 데 이러한 재능은 반드시 필요한 속성으로 생각되어 왔다. 세계 수준의 테니스 선수가 되려면 빠른 반사 신경이 있어야 하고 손과 눈의 협응력이 뛰어나야 하며 재빠른 발놀림 등이 필요한데, 이러한 능력들은 대개 태어날 때부터 타고나는 능력들이다 (Weisberg. 2006). 물론 노력과 연습으로 어느 정도 발전할 수는 있겠지만, 이러한 재능은 선천적으로 타고나지 않으면 아무리 연습을 해도 한계가 있는 것이다.

물론 뛰어난 수행을 발현시키는 보다 유리한 환경이 있을 수는 있다. 하지만 많은 사람은 천재란 '유리한 환경'이라는 관점으로는 설명할 수 없는 특별한 존재라는 데 동의한다. 이러한 예로 가장 흔하게 거론되는 사람이 모차르트Wolfgang Amadeus Mozart(1756~1791)다. 그가 네 살 때부터 피아노를 접할 수 있었고 음악적인 환경에서 자랐으며 아버지의 과도한 지도가 있었던 것은 사실이지만, 그의 독보적인 작곡들은 아주 유사한 환경에서 자란 다른 음악가들에 비해 훨씬 뛰어났음을 부정하기는 힘들다.

레오나르도 다 빈치Leonardo da Vinci(1452~1519) 또한 뛰어난 수행의 유전적 영향을 증명하는 또 하나의 강력한 예다. 그가 예술적으로 뛰어난 성취를 보인 것은 좋은 환경과 좋은 교육 때문이었다고 해석될 부분이 분명 있지만, 그의 뛰어난 과학적 천재성은 환경으로는 설명될 수 없는 것이었다. 과학에 있어서의 그의 천재성은 그의 가정환경과는 무관하게 스스로 시작하고 스스로 발전시킨 결과였다.

그렇다면 지능intelligence은 어떨까? 지능과 창의의 관계에 대한 문제는 오랫동안 논의되어 온 주제다(예를 들어, Getzels & Jackson, 1962; McNemar, 1964; Wallach, 1971; Wallach & Kogan, 1965a, 1965b). 오랜 연구결과를 정리해 보면, 지능과 창의의 관계는 다음과 같이 세 가지 입장으로 정리될 수 있다. 첫 번째는 지능과 창의는 일부분이 겹쳐 있다는 것이고, 두 번째는 하나의 구인이 다른 하나의 구인에 속한 다는 것이며, 세 번째는 이들이 서로 다른 이름으로 불려 왔지만 실은 동일한 것이라는 입장이다(Sternberg & O'Hara, 2000). 대부분의 학자들은 이러한 세 가지 입장 중 하나를 지지하고 있는데, 이는 결국 어떤 식으로든 지능과 창의가 관련되어 있다는 것에 동의한 다는 의미인 것이다.

결국, 창의와 지능이 어떤 식으로든 관련되어 있다면, 창의적인 성취를 보이기 위해서는 높은 수준의 지능을 지니는 것이 유리하 다는 생각은 지극히 당연한 것이다. 이러한 믿음에 대한 실증적 증 거로 제시되는 가장 유명한 연구가 터만(Terman, 1925)과 콕스(Cox, 1926)의 종단연구다. 이들은 방대한 양의 종단 연구를 토대로, 성인 이 되어 천재로 인정받는 사람들의 대부분은 어린 시절부터 지능 이 높았던 사람들이었다고 결론 내린다.

터만은 역사적으로 뛰어난 인물 300명의 어린 시절(17세) IQ 평균 수치가 약 135라는 결과를 제시했으며, 콕스는 이 수치도 과소평가 된 것이라 주장하면서 정확한 수치는 약 140에서 155라고 강조했 다. 물론 뛰어난 인물들에 대한 그들의 데이터 중 IQ 수치가 120 아래인 사례도 어느 정도 있기는 했지만(약 16%), 대다수의 뛰어난 천재는 어린 시절부터 매우 높은 지능을 소유하고 있었다. 이러한 결과는 창의를 발현시키는 천재라 이름 붙여진 사람은 유전적으로 타고나는 사람이라는 믿음을 만드는 데 중요한 역할을 해 왔다.

어느 분야에서 뛰어난 업적을 보이는 천재라 이름 붙여진 사람

: 구 인

구인(construct)이란 인간의 행동에 영향을 미친다고 가정되는 심리학적 요인을 말한다. 예를 들어, 지능이나 동기 혹은 자아존중감 등이 구인으로 분류될 수 있는데, 이처럼 구인이란 행동의 원인이 되는 것으로 생각되는 것이지만 직접적으로는 관찰되지 않는다. 따라서 구인을 확인하기 위해서는 이를 정의하고 가설을 세워 경험적으로 수집된 데이터를 토대로 검증하는 타당화 절차가 필요하다.

들에게는 특별한 재능이나 높은 수준의 지능이 어렵지 않게 발견되는 것이 사실이다. 때문에 우리는 창의적인 무엇을 만드는 재료가 이러한 선천적인 능력이라고 생각한다. 만약 이것이 사실이라면, 뛰어난 재능이나 지능을 타고나지 못한 평범한 사람들에게 있어 창의란 그저 부러워해야만 하는 결코 이르지 못할 성역인 것일까? 아직 실망하기엔 이르다. 지금까지 제시된 증거와는 사뭇 다른 또 다른 증거들이 있다.

사회적으로 유전되는 천재가 있다?!

앞서 살펴보았던 유전 연구의 고전인 골턴의 『유전적 천재』가 출간된 몇 년 후, 스위스의 식물학자인 드 캉돌Alphonse de Candolle(1806~1893)은 1873년 골턴의 주장과는 상반되는 입장의 방대한 조사 결과를 발표했다. 과학 천재에 초점을 맞추고 있는 드 캉돌의 저서는 천재라 불리는 사람이 특별한 정치적, 사회적, 문화적, 교육적 그리고 종교적 조건 속에서 많이 나타난다는 사실을 보여 준다. 즉, 어떤 사람이 특별한 유전자를 물려받았을 수는 있지만, 그 유전자를 불러내고 계발시킬 수 있는 특별한 성장 환경이 존재한다는 것을 잊어서는 안 된다는 것이다. 그는 천재가 유전되는 경향이 있는 것처럼 보일 수는 있지만, 이는 생물학적으로 어떠한 특질이 유전되기 때문이 아니라 그들이 뛰어난 성취를 거두기에 적합한 비슷한 환경에서 성장하기 때문이라고 주장한다(Simonton, 2009).

그렇다면 환경도 유전처럼 아이가 부모를 닮아 가게 하는 요인이 될 수 있을까? 사실 부모와 아이가 비슷한 특성을 보이는 데에는 유전뿐만 아니라 환경의 영향 역시 무시할 수 없다. 예를 들어, 음악에 관심이 많은 부모 밑에서 자라는 아이는 성장하는 동안 폭넓은 음악 관련 경험에 노출되고 이로 인해 음악에 뛰어난 수행을 보일 가능성이 높아질 것이다. 과학 분야에서도 사정은 크게 다르지 않다. 부모가 과학자인 집안의 아이가 과학 분야에서 뛰어난 업적을 보였다면, 이는 전적으로 부모의 유전자 때문일까? 물론 그럴 수도 있겠지만, 이들은 어려서부터 과학과 관련된 책과 장난감을 접할 기회가 많을 것이고, 과학 다큐멘터리 등에 노출되는 빈도가 높은 환경에서 자랄 것이다. 더욱이 부모의 친구들이 과학자일 가능성이 높기에 이들이 과학과 관련된 긍정적인 자극을 주게 될 확률 또한 무시할 수 없을 것이다.

특정한 시대에 특정한 지역에서 예술이나 과학 분야의 창의적인 사람들이 많이 배출되는 현상을 의미하는 '황금기Golden Age' 또한 창의가 유전적 요인만으로 발현되는 것이 아니라는 중요한 증거가 된다. 기원전 4~5세기 동안 고대 그리스에서는 저명한 극작가와 철학가 그리고 조각가들이 많이 배출되었으며, 14세기 르네상스 기간에는 매우 창의적인 화가와 건축가 그리고 작가들이 대부분 이탈리아 북부에서 나왔다. 이처럼 특정 시기에 특정 지역에서 창의적인 사람들이 무수히 배출되는 현상은 유전적 요인만으론 도저히 설명될 수 없다(Vernon, 1989).

그렇다면 앞서 제시했던 노벨상의 경우는 어떨까? 아버지와 아들 혹은 어머니와 딸 그리고 형제간 혹은 삼촌과 조카가 나란히 노벨상을 받았다는 것은 뛰어난 업적을 보이는 유전자가 존재한다는 증거로 읽히는 것이 사실이다. 하지만 미국의 사회학자인 해리엇 주커만Harriet Zuckerman은 1977년 『과학에서의 엘리트Scientific elite』라는 그의 저서를 통해 매우 흥미로운 사실을 보여주었다. 그는 1907년부터 1972년까지 과학 분야에서의 노벨상 수상자들을 분석한 결과, 노벨상 수상자들 사이에는 '사회적 유전'이라 부를 수 있을 만큼 스승과 제자 간의 관계가 많았다는 사실을 밝혀냈다.

예를 들어, 1904년 노벨 물리학상 수상자 존 레일리John William Rayleigh(1842~1919)의 제자인 조셉 톰슨Joseph John Thomson(1856~1940)은 1906년 노벨 물리학상을 받았으며 조셉 톰슨의 제자 중 8명이 노벨상을 수상했다. 그들 중 어니스트 러더퍼드Ernest Rutherford(1871~1937)는 원자핵을 발견한 공로로 1908년에 노벨 화학상을 수상하였는

데, 러더퍼드의 제자들 중에는 1922년에 노벨 물리학상을 받은 닐스 보어Niels Henrik David Bohr(1885~1962)를 포함해 노벨상 수상자가 무려 11명이나 된다. 닐스 보어 역시 여러 명의 노벨상 수상자를 배출했는데 그중의 한 명이 1931년 불확정성원리로 노벨 물리학상을 수상한 하이젠베르크Werner Karl Heisenberg(1901~1976)다.

이처럼 황금기라는 것이 존재하고 뛰어난 업적의 원인이 가족관계가 아닌 스승과 제자의 관계로도 해석될 수 있다는 사실은 천재란 어쩌면 유전적으로 결정되는 것이 아니라 특정한 환경이나 조건이 만들어 내는 것이라는 주장을 가능하게 한다. 그렇다면 앞서 살펴보았던 대부분의 천재들이 가지고 있는 특별한 재능이나 높은 지능은 어떻게 해석될 수 있을까? 이제 무엇이 천재를 만드는가에 대한 명백한 결론을 위해, 창의를 만드는 직접적인 재료라고 생각되어 온 재능과 지능에 대해 다시 한번 생각해 보기로 하자.

재능과 지능에 대한 재검토

앞에서 설명한 모차르트나 레오나르도 다빈치의 경우에서 알 수 있듯이 우리는 창의란 타고난 재능을 담보로 이루어진다는 믿음을 가지고 있다. 그렇다면 재능이 없음에도 창의적인 산물을 만들어 낸 사례는 전혀 없는 것일까? 사실, 창의적인 사람들에게 재능이 발견되는 것은 흔한 일이지만 재능이 거의 없이도 뛰어난 산물을 만들어 낸 경우 또한 빈번하게 발견된다(Mey, 1995; Howe, 1999). 하우(Howe, 1999)는 음악 분야에 있어 어린 시절 보였던 뛰어난 재능이

성인이 되었을 때 창의적 성취를 보장하거나 예측하지 않는다고 단언한다. 그는 천재의 특성을 천부의 재능으로 정의했던 칸트의 주장은 순수한 신화이거나 미친 미신이라고 말한다. 쿠친(Kuzin, 1999) 역시 재능을 가지고 태어났다고 하더라도 그 재능에 대해 열심히 훈련받지 않거나 노력하지 않는다면 더 이상의 발전은 어렵다고 설명한다.

창의와 재능의 관계에 있어, 창의를 이루는 것은 재능 자체가 아닌 연습과 노력 때문이라는 연구 결과는 무수히 많다. 피나는 연습과 노력이 필요한 것은 일반적인 학문 분야에만 국한되는 것은 아니다. 일반적으로 재능이 있어야만 높은 성취를 이룰 수 있다고 믿는 작곡이나 음악 연주 혹은 운동 분야에 있어서도 이는 마찬가지다. 이러한 영역, 즉 재능이 필요하다고 생각되는 분야에서의 성취의 수준 차이도 재능의 결과라기보다 연습을 바탕으로 한 전문성의 차이에 기인한다는 것이다(Howe, Davidson, & Sloboda, 1998; Sloboda, 1996). 평범한 개인들이 도달할 수 있는 수준에 제한이 거의 없다는 에릭손(Ericsson, 1999)의 연구 결과 또한 높은 성취가 재능과 관련 없는 연습과 노력의 결과라는 것을 보여 준다.

그루버(Gruber, 1974) 역시 어린 시절의 영재성과 성인기의 창의적 천재 사이에는 어떠한 연관성도 보이지 않는다고 단언한다. 그에 따르면, 스무 살 이전에 뛰어난 성취를 보이는 것은 거의 불가능하다. 왜냐하면 창의적인 과학자나 예술가가 되기 위해서는 청소년기와 초기 성인기에 정말 많은 양의 지식과 기술을 습득해야만 하기 때문이다. 더욱이 예술 분야에 있어서 창의적인 산물을 만드는 데에는 감성적인 성숙 역시 필요한데 이러한 감성은 어느 정도 나이가 있을 때에 비로소 만들어지는 것이다.

이러한 연구 결과들은 재능이 뛰어난 성취에 필수 재료라는 우리의 믿음이 조금 더 정교하게 다듬어질 필요가 있음을 암시하고 있다. 물론 창의적인 사람들을 살펴보면 그들 대부분이 그 분야에 필요한 재능을 지니고 있음을 쉽게 발견할 수 있는 것이 사실이다. 그러나 이러한 현상만을 근거로 재능이 창의를 만드는 재료라고 단정 짓는 것은 성급한 결론일 수 있다. 왜냐하면, 재능이 있다고 해서 반드시 창의적 성취를 이루는 것은 아니기 때문이다.

만약 재능이 있다고 하더라도 피나는 연습과 노력 없이는 창의적인 결과를 얻어 내지 못하는 것이 사실이라면, 어쩌면 창의를 만드는 진짜 재료는 연습과 노력일 수도 있다. 그럼에도 우리는 창의를 만드는 재료가 재능이라고 믿는다. 어쩌면 이는 어떤 분야에서 뛰어난 성취를 보이는 사람들이 어렸을 때부터 그 분야에서 특별한 능력을 보였기 때문일 것이다. 하지만 이들의 경우에도 창의를 만든 것은 타고난 재능이 아니라 연습과 노력이었을 수 있다.

어렸을 때 어떤 분야에 재능을 보이는 사람들은 자연스럽게 주변 사람들의 칭찬이나 관심을 받게 될 것이고, 이러한 사회적 보상이 그 분야에 흥미를 갖도록 강화를 주었을 가능성이 높다. 이렇게 생성된 흥미는 그 아이에게 보다 많은 노력과 연습을 하도록 만들었을 수 있는 것이다. 그렇다면, 창의를 만드는 진짜 재료는 타고난 재능이 아니라 노력과 연습인 것이다.

창의가 생물학적인 유전으로 결정된다는 주장에 반대하는 많은 학자는 천재란 다양한 환경적 영향의 산물이라고 생각한다. 그리고 이들이 공통적으로 주장하는 가장 결정적인 환경적 영향은 의도적인 연습deliberate practice이다(Ericsson, Rampe, & Tesch-Romer, 1993; Starkes, Deakin, Allard, Hodges, & Hayes, 1996). 만약 이것이 사실이라면, 창의적인 성취를 위해 누군가가 어떠한 재능을 갖고 있는가를 알아내는 데 초점을 맞추기보다 그 분야에서 최선을 다할 수 있는 방법을 찾는 것이 진실에 접근하는 옳은 방향이 될 것이다.

그렇다면 지능은 어떨까? 우리가 창의적인 천재란 유전적으로 결정된다는 믿음을 갖는 가장 큰 이유는 앞서 설명한 것처럼 창의적 성취를 만드는 데 어떤 식으로든 지능이 관련되어 있기 때문이다. 그런데 지능이란 생물학적으로 유전되는 것이기에 창의적인 천재는 생물학적으로 유전된다는 논리가 설득력을 갖게 되는 것이다. 앞서 제시한 터만(1925)과 콕스(1926)의 종단연구는 성인이 되어 천재로 인정받는 사람들의 대부분은 어린 시절 높은 IQ 점수를 받은 사람들이었음을 보여 준다. 하지만 IQ가 135 이상인 아이들 모두가 성인이 되었을 때 천재라고 인정될 수 있는 특별한 능력을 보여 준 것은 아니라는 사실 또한 주목할 필요가 있다. 즉, 천재는 높은 IQ를 갖고 있지만 높은 IQ를 갖는 모든 사람이 창의적인 업적을 남기는 것은 아니라는 것이다. 이는 지능이라는 변인이 높은 성취와 어느 정도 관련이 있는 것은 사실이지만 극도의 높은 성취를 지능의 역할만으로 설명하기에는 부족함이 있음을 의미하는 것이다.

이후의 상당한 연구들에서는 극도로 창의적인 사람이 높은 지능을 갖고 있는 경우도 있지만, 그렇지 않은 경우도 있다는 것을 확인시켜 주고 있다(Vernon, 1989). 현존하는 과학자들을 대상으로 한 깁슨과 라이트(Gibson & Light, 1967)의 연구는 창의적인 성취를 이루는 데 지능만이 결정적인 역할을 하는 것은 아니라는 사실을 보여 준다. 이들은 매우 창의적인 업적을 남긴 131명의 과학자들의 IQ를 측정하였는데, 과학자들의 웩슬러 지능검사Wechsler Adult Intelligence Scale: WAIS 점수는 평균 126.5였다. 화학자들과 수학자들이 130으로 가장 높았으며, 농업 과학자들은 121.7이었다. 여기서 주목해야 할 것은, 대부분의 과학자들의 IQ가 130 아래라는 점이다. 물론 이들이 평균 이상인 것은 사실이지만, 그렇다고 해서 우리가 생각하는 것처럼 엄청난 IQ를 가진 사람들은 아니었던 것이다.

맥키논(MacKinnon, 1962)을 비롯하여 많은 학자가 주장하는 임계치 가설threshold hypothesis 또한 창의를 발현하는 데 지능이 결정적인 것은 아니라는 사실을 암시한다. 임계치 가설이란 어느 지점까지는 상관을 보이는 두 변인의 관계성이 그 지점을 넘어서면 더 이상 관련성을 보이지 않는 그러한 지점, 즉 임계치가 존재한다는 가설이다. 창의와 지능이 바로 이러한 임계치 가설에 부합된다고 주장하는 사람들은 대개 창의와 지능의 임계치를 IQ 120 정도로 보고 있다. 물론 이 가설에 대한 직접적인 증거는 아직 불분명한 상태지만(Vernon, 1989), 그럼에도 불구하고 이러한 주장이 있다는 것은 창의적인 성취가 높은 지능만으로 발현된다고 단정 짓기에 무리가 있다는 것을 보여 준다.

천재와 창의! 진실은 무엇인가

천재라는 말은 누구나 한 번 쯤 들어 보고 싶은 호칭일 것이다. 어느 분야에서 뛰어난 성취를 이루고 그로 인해 부와 명예가 따라오는 그런 꿈같은 일의 주인공이 바로 나라는 상상은 생각만으로도 가슴 설레는 일임에 틀림없다. 하지만 그런 꿈은 그저 꿈일 뿐이라고 우리는 생각한다. 그런 성취는 태어날 때부터 이미 정해진 천재의 몫이라는 생각을 한다. 노력하면 어느 수준까지야 되겠지만, 그렇다고 우리가 모차르트나 아인슈타인은 될 수 없다고 단언하는 것이다. 천재는 처음부터 정해져 있다는 믿음인 것이다.

다섯 살 때부터 피아노를 치기 시작했다는 모차르트의 예를 들 필요도 없이 천재라 불리는 사람들의 어린 시절은 믿기지 않는 천재성으로 가득 차 있다. 굳이 세계적인 천재가 아니더라도 전국 수석을 한 학생이나 대기업의 최연소 사장 등 종종 신문이나 방송에 등장하는 우리 주변의 천재들 또한 예외가 아니다. 그들은 교과서만 보면서도 전교 1등을 놓치지 않았고, 하나를 알려 주면 열을 알았으며, 한 번 본 것은 절대 잊어버리는 일이 없었다. 언뜻언뜻 듣게 되는 이런 얘기들 속에서 우리는 지극히 평범하게 태어난 우리 자신을 가끔은 원망하기도 하고 그들의 타고난 능력을 부러워하기도 한다.

우리는 창의가 이처럼 특별한 능력을 가진 특정한 소수의 전유물로 생각해 왔다. 그리고 이러한 믿음은 창의적인 산물을 만들어 내는 사람들이 극소수에 불과하다는 경험적 증거를 기초로 만들어져 왔다. 믿음이란 추상적 신념을 토대로 만들어지기도 하지만, 대개는 경험을 근거로 형성되기 마련이다. 능력이 출중한 변호사라는 믿음은 대단한 학력이나 화려한 말솜씨보다는 재판에서 이기는 한 번의 모습을 보여 주는 것만으로 훨씬 쉽게 만들어지며, 기상예보 시스템에 대한 믿음은 시스템에 대한 정교한 이론보다는 지속적인 적중률을 경험하면 어렵지 않게 만들어질 수 있다.

이처럼 경험은 우리에게 확실한 신념을 주기는 하지만, 그럼에도 불구하고 경험이 언제나 타당성을 담보하는 것은 아니다. 우리의 경험은 가끔 진실을 왜곡시키거나 변형시키기도 한다. 창의가 재능 있는 소수만의 전유물이라는 결론이 바로 경험이 주는 함정일 수도 있다. 왜냐하면 창의란 애초에 소수의 전유물로 보일 수밖에 없는 구조 속에서 경험되기 때문이다. 창의의 핵심이 '새로움'이라는 사실을 생각해 보면 그 이유를 어렵지 않게 짐작할 수 있을 것이다. 무엇이 창의적으로 인정되기 위해서는 그것이 새로워야 하기 때문에, 특정 분야에 있어 창의적인 사람은 극소수로 제한될 수밖에 없다.

예를 들어, 상대성 이론을 연구했던 사람이 실제로는 수만 명이 있었으며 이들 모두가 그 원리를 완성했다고 하더라도 이 분야에서 창의적인 사람은 오직 하나 '아인슈타인'뿐이다. 어쩌면 수만 명 모두가 상대성 이론을 혼자 힘으로 알아냈을 수도 있지만, 그 발견이 아인슈타인 이후라면 그들은 실제로는 대단히 창의적인 사람들임에도 불구하고 결코 창의적인 사람으로 불리지 못한다. 결국 창의라는 왕관은 극소수에게만 제공되는 구조를 지닐 수밖에 없다. 따라서 창의가 정말 재능 있는 소수만의 전유물인가라는 질문은 단순한 경험적 근거로 대답되기에는 여전히 많은 여백을 남기고 있다.

우리가 현상에 관심을 갖는 이유는 단순히 현상을 요약하기 위해서가 아니라, 현상의 원인을 찾아 이를 토대로 유용하게 활용될 수 있는 원리를 알아내기 위해서다. 그런데 지금 우리는 소수의 사람들만이 창의를 발현하는 그러한 현상을 경험하고서 이를 단순히 요약하는 데에 머무르고 있는 것은 아닐까? 우리는 재능 있는 인재를 발굴하는 데 많은 시간을 투자하고, 소수의 인재들에게 막대한 비용을 지불한다. 혹시라도 모든 사람이 창의적인 잠재력을 갖지 않을까라는 생각은 그저 쓸데없는 가정일 뿐이라고 폄하된다. 하지만 창의적인 사람이 재능 있는 소수에 국한되어 보이는 것은 창의란 애초에 그렇게 보일 수밖에 없도록 짜여진 구조 때문일 수도 있다. 이것이 사실이라면, 우리는 어쩌면 경험이 만들어 내는 함정에 빠져 있는지도 모른다.

이런 생각을 한번 해 보자. 창의적인 무엇을 만드는 사람을 천재라 칭하고 그들이 어린 시절부터 특별한 능력을 보여 왔다는 것이 사실이라면, 정말 그들만이 어린 시절의 천재였을까? 그렇지는 않을 것이다. 어린 시절에 한 번쯤 천재라 불렸던 사람들은 우리가 상상할 수 없을 만큼 많았을 것이다. 우리의 어린 시절을 한번 되돌아보자. 정말 우리는 한 번도 천재란 소리를 들어 본 적이 없었던 걸까? 그렇지 않을 것이다. 이 책을 보는 우리는 모두 한 번쯤은, 정말 한 번쯤은 천재였던 시절이 있었다.

그렇다면 결국 천재라는 칭호는 순환의 논리가 낳은 오류일 가능성이 높다. 즉, 그가 천재였기 때문에 창의적인 무언가를 만든 것이 아니라, 창의적인 무언가를 만들었기 때문에 천재라 이름 붙여진 것이라는 의미다. 이것이 사실이라면, 창의를 만드는 재료가 무엇인지를 알기 위해 천재가 어떠한 속성을 타고나는지를 탐색하는 일은 아무 의미가 없을 것이다. 천재가 무언가 창의적인 것을 만들어 낸 사람에 대한 칭호라면, 그것을 만드는 사람이 태어날 때부터 특별한 능력을 가지고 태어나야 할 이유는 없다. 다시 말하면, 창의적인 무언가를 만드는 데 있어 생물학적 유전이 결정적인 역할을 하는 것이 아닐 수 있다는 것이다. 그리고 이러한 생각은 앞서 제시한 사회적 유전의 수많은 예들로부터 그 타당성을 확인받을 수 있다.

이제 천재가 창의를 만든다는 신념을 과감히 내려놓아야 할 시점이 된 듯하다. 그렇다면 창의를 만드는 진짜 재료는 무엇일까? 이제 그 답을 찾아보기로 하자.

3

창의를 만드는 재료:
10년의 법칙과 전문성

타고난 재능이나 높은 지능과 같은 선천적인 속성들이 창의를 만드는 데 결정적인 것이 아니라면, 그렇다면 창의를 만드는 재료는 무엇일까? 창의적인 무언가를 만든 사람들에게서 천재라는 칭호 이외에 또 다른 어떤 공통점을 찾을 수 있을까?

10년의 법칙,
창의적인 그들의 유일한 공통점을 말하다

창의적인 무엇인가를 만든 사람들에게 발견되는 가장 신뢰할 수 있는 공통점은 아마도 10년의 법칙10-year-rule(Hays, 1981; Weisberg, 1999)일 것이다. 10년의 법칙이란 창의적인 업적을 만든 사람들은 그들의 재능이나 지능과 상관없이 자신의 분야에서 최소한 10년 정도 종사한 사람들이라는 것이다. 사실, 창의적인 아이디어가 어느 순간에 섬광처럼 떠오르는 현상이 존재하기도 하지만, 그러한 아이디어를 떠올린 사람들이 자신의 분야에서 상당히 오랜 시간 종사하고 있었다는 것은 분명한 사실이다.

체스 선수에 대한 연구로 유명한 체이스와 사이먼(Chase & Simon, 1973)은 그들의 연구 결과를 토대로 체스에서 세계적인 수준의 실력에 도달하려면 누구든 최소한 10년을 체스에 깊이 몰입해서 보내야한다고 결론짓는다. 그들의 연구에 따르면, 체스 고수는 게임에서 실제 일어날 수 있는 약 5만 개 정도의 패턴을 알고 있으며, 드 그루트(de Groot, 1965)는 실험을 통해 체스 고수들이 실제로 이러한 패턴을 이용해 게임의 형세를 회상한다는 사실을 알아냈다.

5만 개라는 숫자가 터무니없이 커 보인다고 느낄 수도 있겠지만 일반적인 성인들이 자신의 모국어를 최소한 2만 개 이상 알고 있다는 사실을 고려할 때, 이것이 전혀 불가능한 것만은 아니라는 사실을 쉽게 알 수 있을 것이다. 체스 고수들이 체스 게임을 연구하고 체스를 두면서 얼마나 많은 시간을 보내는지를 생각해 보면 이정도 양의 패턴을 습득하는 일은 충분히 가능한 것이다. 10년 이상의 헌신만이 그 분야에서 최고 수준에 오를 수 있는 지식 기반을 만들 수 있다는 이러한 10년의 법칙은 음악이나 미술과 같은 예술적 영역뿐만 아니라 과학이나 기술 영역 등 거의 모든 영역에 적용된다고 알려져 있다.

예를 들어, 음악의 경우 음악적 성취 수준은 재능이 아닌 연습 수준에 비례한다고 슬로보다(Sloboda, 1996)는 결론짓는다. 음악에 뛰어난 능력을 보이는 집단은 평균적으로 매일 2시간 정도를 연습한 반면, 도중에 그만두는 집단은 그만둘 때까지 평균 15분 정도의 연습만을 했던 것으로 나타났다. 두 집단 간의 연습 시간의 차이는 거의 800퍼센트의 차이였던 것이다. 날마다 두 시간 이상 연습한 학생들 가운데 낮은 성취를 보이는 사람은 아무도 없었다.

여기에서 중요한 사실은 성취도가 최고인 학생들도 한 수준에서 다음 수준으로 발전하기 위해서는 성취 수준이 최저인 학생들에게 필요한 것과 똑같은 연습 시간이 필요했다는 사실이다. 음악가들은 대략 10년에서 15년 정도 집중적인 정규 훈련을 받게 되는데, 이는 청년 초기까지 최소 1만 시간 이상의 연습을 하게 됨을 의미한다 (Krampe & Ericsson, 1996). 이런 이유로 '10년의 법칙'을 '1만 시간의 법칙' 혹은 '2만 시간의 법칙'이라 부르기도 한다.

이러한 10년의 법칙은 예술 분야에만 국한되지 않는다. BBC 방송이 2012년 10월 8일 공개한 역대 노벨상 수상자의 출신 대학 및 나이에 대한 결과는 노벨상이 단순히 재능이나 지능과 같은 선천적 요인이 아니라, 꾸준한 노력의 산물이었음을 짐작할 수 있게 한다.

분야	상위 100위 대학 출신(%)	나이(세)
물리	54	61
화학	50	57
의학	41	57
문학	23	64
평화	35	62
경제	78	67

출처: BBC FUTURE(2012, Octorber, 8). Nobel Prizes: Is there a secret formula to winning one?
http://www.bbc.com/future/story/20121008-winning-formula-for-nobel-prizes

각 분야에서 노벨상 수상자를 배출한 대학의 순위를 살펴보면, 상위 100위 내에 드는 대학의 퍼센트가 우리가 생각한 만큼 그렇게 높지는 않다는 것을 알 수 있다. 이 대학들 중 여섯 개 전 분야에서 수상자를 배출한 대학은 하버드, 케임브리지, 컬럼비아 대학 등 3개 대학에 불과했다. 이러한 결과는 우수한 대학에 입학한다고 해서 그것이 곧바로 노벨상과 연결되는 것은 아니라는 사실을 보여 준다. 노벨상이란 결국 대학에 들어간 이후 꾸준한 노력과 연습이 있어야 가능한 것이다.

　노벨상을 수상한 나이 또한 같은 의미로 해석될 수 있다. 앞의 표에서 볼 수 있듯이 노벨상 수상자의 평균연령은 모두 60대 전후다. 물론 노벨상이 아이디어가 처음 발표된 후 적게는 수년 많게는 수십 년 동안 검증을 거친 이후에야 수상되므로, 처음 그 아이디어를 생각한 것은 수상했을 때의 나이보다 훨씬 젊은 시기였겠지만, 이를 감안한다고 하더라도 10대나 20대에 처음 아이디어를 만들었을 가능성은 전무하다고 할 것이다. 2007년 노벨 경제학상을 수상한 레오니드 후르비치Leonid Hurwicz(1917~2008)의 나이는 무려 90세였다. 물론 1915년에 노벨 물리학상을 수상한 윌리엄 로렌스 브래그William Lawrence Bragg(1890~1971)처럼 25세 약관의 나이로 노벨상을 수상한 경우도 있기는 하다. 하지만 그의 수상은 아버지인 윌리엄 헨리 브래그William Henry Bragg(1862~1942)와의 공동수상이었다는 점에서 예외로 보는 것이 타당할 것이다.

　창의를 얘기할 때 우리는 종종 통찰을 말하곤 한다. 타고난 무엇인가를 소유한 천재가 어느 날 갑자기 영감을 얻어 창의적인 것을 만들어 낸다는 것이다. 도저히 풀리지 않던 문제가 어느 날 갑자기 섬광처럼 찾아오는 영감을 통해 해결된다는 것이다. 아르키메데스가 욕조에서 '아하!' 하며 금관의 비밀을 알아냈다든지, 뉴턴이 떨어지는 사과를 보고 만유인력의 원리를 알아냈다든지 하는 식의, 어느 날 갑자기 찾아오는 '아하!'라는 깨달음에 대한 전설 같은 얘기들은 창의가 영감을 감지할 수 있는 특정한 누군가에게만 허락된 특별한 무엇이라는 믿음을 갖게 한다.

1925년 쾰러Köhler가 그 유명한 원숭이 실험을 통해 갑작스럽게 문제가 해결되는 현상을 보여 준 것은 사실이다. 울타리 밖 손이 닿지 않는 곳에 바나나를 놓아두자, 원숭이는 바나나를 잡으려고 애타게 노력하다가 아무런 힌트도 받지 않고 어느 순간 갑자기 옆에 놓인 막대기를 사용해 바나나를 집어 온 것이다. 이러한 모습을 보면서 우리는 원숭이가 갑작스러운 통찰을 통해 문제해결을 했다고 믿는다. 하지만 갑자기 문제가 해결되었다고 해서 그 원인이 갑작스러운 영감 때문이라고 결론짓는 것은 조금 성급한 일이다. 갑작스럽게 원숭이가 문제를 해결한 것은 정말 원숭이가 통찰을 경험했기 때문일까?

쾰러와 아주 유사한 실험을 한 버치(Birch, 1945)의 연구는 쾰러의 원숭이가 보여 준 문제해결의 원인에 대해 보다 설득력 있는 이유를 제시한다. 쾰러와 버치의 실험은 단 한 가지를 제외하고는 모든 면에서 동일했다. 쾰러 실험의 원숭이와는 다르게 버치 실험에서의 원숭이는 태어나면서부터 막대기를 한 번도 가지고 놀지 못하게 통제되었다. 막대기를 이용해 본 경험이 없었던 버치의 원숭이는 실험이 시작되었을 때 쾰러의 원숭이가 보여 준 갑작스러운 문제해결, 즉 통찰을 만들어 내지 못했다. 하지만 문제해결에 실패한 원숭이에게 며칠 간 막대기를 가지고 놀게 한 후, 같은 실험을 하였을 때, 그때서야 비로소 그 원숭이는 막대기를 이용해 바나나를 집어 올 수 있었던 것이다. 결국 통찰을 이루는 재료는 이전에 겪었던 '경험'이었던 것이다.

그것이 노벨상이든 원숭이의 문제해결이든 창의는 10년 이상의 노력과 헌신의 결과다. 이것이 바로 "우리의 연구에서 나타난 단 하나의 가장 신뢰할 수 있는 결과는 창의적인 업적이 오랜 시간을 필요로 한다는 것이다."라는 그루버와 데이비스(Gruber & Davis, 1988, p. 264)의 결론에 귀 기울여야 하는 이유인 것이다.

그렇다면 우리가 타고난 천재라고 믿는 사람들이 만들어 놓은 위대한 업적들은 정말 끊임없는 노력과 연습의 결과였을까? 이제 여러 분야에서 뛰어난 업적을 만든 사람들이 어떻게 살아왔는지를 조금 더 자세하게 살펴보기로 하자.

10년의 법칙을 지켜 온 그들의 이야기

록밴드 비틀즈

록밴드인 비틀즈The Beatles는 20세기 미국 음악계에 혁명적인 변화를 이끌었다고 인정받는 가장 유명한 음악 밴드 중의 하나다. 존

레논John Lennon(1940~1980), 폴
매카트니Paul McCartney(1942~),
조지 해리슨George Harrison(1943~
2001), 링고 스타Ringo Starr(본명
Richard Starkey, 1940~)로 구성
된 비틀즈는 1964년 2월에
영국으로부터 미국에 도착해
대중음악의 형태를 뒤바꿔 놓
은 히트 음반들을 속속 출시
했다. 미국에 도착하자마자
한 번의 실패도 없이 성공에

The Beatles

성공을 거듭한 비틀즈의 성공비결은 무엇일까? 단순히 운이 좋아
서일까? 아니면 이들이 타고난 천재들이어서일까?

절대 그렇지 않다. 이들의 성공 역시 10년의 법칙을 피해 가지
않는다. 존 레논과 폴 매카트니는 미국에 오기 7년 전인 1957년부
터 함께 연주하기 시작했고, 그들의 최고 걸작으로 꼽히는 〈Sgt.
Peppe's Lonely Hearts Club Band〉라는 앨범이 출시되는 시점은
그들이 함께 연주하기 시작한 때부터 대략 10년이 지난 시점이다.

그들의 그 10년이 어땠는지 알아보기 위해 비틀즈의 함부르크 시
절로 잠깐 돌아가 보자. 1960년, 비틀즈가 그저 열심히 노력하는 고
등학교 록밴드에 불과할 때 그들은 독일의 함부르크로부터 초대를
받는다. 비틀즈의 전기 작가인 필립 노먼Philip Norman은 2004년 『샤우
트Shout!』라는 책에서 함부르크 시절의 비틀즈는 1년 6개월 동안 일

주일 내내 하루에 8시간 이상씩 연습과 연주를 했다고 쓰고 있다.

비틀즈는 1960년에서 1962년 말에 걸쳐 다섯 차례나 함부르크에 다녀왔다. 처음 방문했을 때 그들은 106일 밤을 매일 네 시간 이상 연주했다. 두 번째 공연에서는 92번을 무대에 올랐고 세 번째에는 48번을 무대에 올라 172시간이나 연주했다. 마지막 두 번의 함부르크 무대는 1962년 11월과 12월에 있었는데, 그때 90시간을 더 연주했다. 모두 합하면 비틀즈는 일 년 반이 조금 넘는 기간 중에 270일 밤을 연주한 셈이다.

비틀즈는 처음으로 성공의 신화를 쓰기 시작한 1964년까지 총 1,200여 시간을 공연한 것으로 추산된다. 필립 노먼은 비틀즈가 함부르크에 가기 전까지는 무대 위에서 아주 뛰어나지는 않았었다고 말한다. 하지만 그들이 함부르크에서 돌아왔을 때에는 아주 다른 밴드가 되어 있었다는 것이다. 평범한 밴드인 비틀즈를 전설의 밴드로 만든 건 천재라 알려진 멤버들의 재능이라기보다는 함부르크에서 쏟은 피나는 노력과 끈기였던 것이다.

작곡가 모차르트

흔히 천재의 대명사로 불리는 모차르트Wolfgang Amadeus Mozart (1756~1791) 역시 그의 창의적인 작곡의 원인을 타고난 재능으로만 돌리기에는 무리가 있는 것이 사실이다. 물론 여덟 살 때 작곡을 시작할 만큼 모차르트가 작곡에 뛰어난 재능을 가지고 있었던 것은 사실이지만, 그의 첫 번째 걸작인 〈피아노 협주곡 9번〉은 그의

나이 스물한 살에 작곡되었으며, 이는 작곡을
시작한지 12년이 지난 시점이었다. 오페라 분
야에서도 상황은 비슷하다. 모차르트 최초의
오페라 걸작이라 일컬어지는 〈이도메네오
Idomeneo〉는 그의 첫 번째 오페라인 〈가짜 바보
아가씨La Finta Semplice, K.51〉를 발표한 후 12년이
지난 이후였다.

Wolfgang Amadeus
Mozart

　뉴욕타임스의 음악 비평가 해럴드 숀버그
Harold Schonburg는 모차르트의 초기 작품들 중에
1781년 이후 그의 음악에 포함된 개성이나 집
중력 그리고 풍부함 등을 보이는 작품은 거의
없다고 평가한다(Robinson, 2010). 모차르트는 스
물여덟 살에 손가락에 기형이 나타났던 것으로
전해지는데, 이는 오랜 시간의 연습과 작곡을
위해 늘 펜을 쥐고 있었기 때문이었다고 한다.
결국 모차르트의 천재성은 연습과 노력이었던
것이다.

첼리스트 카잘스

　파블로 카잘스Pablo Casals(1876~1973)는 음악계
에 한 획을 그은 위대한 첼리스트로 인정받는
연주자다. 교회의 오르간 연주자였던 아버지에

Pablo Casals

게 오르간과 바이올린 등을 배웠고 첼로 연주는 열한 살 때 시작했다. 이때부터 그는 아침에 일어나면 바흐의 〈평균율 클라비어곡집 Das wohltemperierte Klavier〉을 연주한 후 하루를 시작했고, 낮에는 본격적 수업을 위해 바르셀로나 시립 음악학교를 다녔으며, 밤에는 학비와 생활비를 벌기 위해 '카페 토스트'라는 선술집에서 첼로 연주를 했다. 그의 하루는 거의 첼로 연주로 채워져 있었다.

어느 날 그는 오래된 악보 상점에 들렀다가 바흐의 〈무반주 첼로 모음곡Six Suites for Solo Cello〉을 발견하고 이에 매료되어 연습을 시작한다. 그가 청중 앞에서 이 곡을 처음 연주한 것은 스물다섯 살 때였으며, 이 연주는 카잘스를 첼로의 거장으로 만들어 주었다. 스물다섯이라는 나이는 언뜻 생각하기에는 무척 어려 보이기 때문에 그의 이와 같은 성취가 타고난 재능에 의지하는 것으로 보일 수도 있다. 하지만 그가 이 곡을 연구하고 연습한 기간이 12년이었다는 것을 상기할 필요가 있다. 12년간의 노력과 연습이 없었다면 카잘스는 첼로의 마에스트로가 될 수 없었을 것이다.

카잘스는 96세에 삶을 마감했는데, 그가 사망하기 1년 전의 일화는 뛰어난 업적의 천재가 어떻게 살아왔는지를 명확하게 보여 준다. 어느 날 한 신문기자가 그와의 인터뷰를 위해 집을 방문했는데, 거실에서 바흐의 무반주 첼로곡이 은은히 흘러나오고 있었다. 90세가 넘은 카잘스의 연습 시간이었던 것이다. 그는 젊은 시절과 마찬가지로 여전히 하루에 6시간씩 연습을 하고 있었다. 결국 기자는 6시간의 연습이 끝난 후에야 인터뷰를 할 수 있었다. 기자가 물었다. "95세나 되는 나이에 아직도 하루에 6시간씩 연습을 하시는 이유가 무엇입니까?" 카잘스는 "왜냐하면 지금도 제가 조금씩 발전하고 있다고 생각하기 때문입니다."라고 대답했다고 한다(Kahn, 2003).

창의를 위한 필수 아이템, 전문성!

모든 결과에는 언제나 원인이 존재한다. 그리고 인간 역사의 발전은 이러한 원인을 알아내고자 하는 우리의 호기심을 담보로 이루어져 왔다. '사과는 왜 떨어지는 것일까?'라든가 '별은 왜 반짝이는 것일까?' 등 수많은 호기심은 우리 문명을 발전시켜 온 원동력이었다. 따라서 어떤 현상에 대해 끊임없이 질문하고 정확한 원인을 찾아내는 일은 단순히 우리의 지적 욕구를 만족시키는 것을 넘어 역사를 발전시키는 시작점이 된다. 왜냐하면, 결과에 대한 원인을 아는 것은 우리의 부족함을 채우고 발전을 담보하는 정보를 제공하기 때문이다. 만약 인생에서 우리들이 겪는 수많은 실패가 노력 부족 때문이라면 노력을 더하면 될 것이고, 정보의 부재 때문이라면 적합한 정보를 찾으면 될 일이다.

그렇다면 창의적인 산물을 만드는 원인은 무엇일까? 지금까지 살펴본 바와 같이 이는 우리가 일반적으로 믿고 있는 타고난 재능이나 능력이 아닌, 노력과 연습인 것이다. 만약 창의를 만드는 재료가 재능이나 적성과 같은 타고난 무엇이라면, 보통 사람들에게 있어서의 창의란 잡을 수 없는 무지개 같은 존재일 것이다. 하지만 창의적인 사람이 되기 위한 원인은 결코 우리들의 통제 밖에 있는 것이 아니다. 창의를 만드는 재료는 10년이 넘는 기나긴 시간을 관통하는 노력과 연습인 것이다. 창의적인 사람이 되기 어려운 것은 타고난 능력이 없어서가 아니라 그 10년을 견뎌 내는 것이 어렵기 때문이다.

그렇다면 10년 동안 노력하기만 하면 누구나 다 창의적인 사람이 되는 걸까? 그렇지는 않다. 10년이라는 시간이 모든 사람을 창의적으로 만드는 것은 아니다. 물론 창의적인 무언가를 만들기 위해서는 10년이라는 시간이 필요하지만, 그 10년이라는 노력과 연습을 통해 전문가의 위치에 오른 사람만이 창의적인 무언가를 만들 수 있는 것이다. 처음부터 천재가 아니라 하더라도 10년의 노력과 연습으로 전문가가 될 수만 있다면, 누구라도 창의적인 무언가를 만들 수 있는 것이다.

창의적인 사람들을 천재라는 이름으로 분류하기보다는 전문가라는 이름으로 바라본다면, 그동안 천재성이 창의를 만드는 재료라고 오해했던 이유를 이해할 수 있을지도 모른다. 창의를 만드는 사람은 전문가이지만, 그러한 전문가들 중에 많은 사람이 어려서부터 뛰어난 재능을 보였기 때문에 우리는 전문가라는 사실보다는 천재라는 사실에만 집중했던 것은 아닐까? 뛰어난 재능이나 높은 지능을 지니고 태어난 사람들은 어려서부터 그 분야에서 두각을 나타냈을 가능성이 크다. 이로 인해 그들은 자연스럽게 사회적 보상이나 사회적 지지를 받게 되었을 것이고, 이것이 그들로 하여금 그 분야에 흥미를 갖게 했을 수 있으며, 이러한 흥미가 그들이 10년 이상을 노력하게 만든 원동력이 되었을 수도 있다. 이러한 노력으로 인해 그들은 결국 전문가가 되었지만, 그들이 어린 시절 천재였다는 사실 때문에 어쩌면 우리는 이들이 전문가라는 사실보다는 천재라는 사실에 보다 주목하고 있는 것인지도 모른다.

전문가들 중에 타고난 천재가 많은 것은 사실이지만, 모든 전문가가 천재인 것은 아니며, 타고난 천재라 하더라도 10년 이상의 노력 없이는 뛰어난 성취를 이룰 수 없다는 사실을 잊지 말아야 할 것이다. 결국 창의적인 성취를 이루는 사람은 천재가 아닌 전문가인 것이며, 창의를 만드는 재료는 타고난 천재성이 아니라 그 분야에서의 전문성인 것이다.

그렇다면 전문가란 어떤 사람일까? 전문가에 대한 연구에 따르면 전문가들의 가장 큰 특징은 고도로 조직화된 지식의 구조를 이

∶ 전문가 연구

전문가 연구는 전문가와 전문가의 수행에 관심을 갖는 연구다. 전문가의 일상생활, 자기계발, 훈련, 논리, 지식, 사회적 지지 그리고 타고난 재능 등의 측면을 면밀히 검토함으로써, 특정 분야에서 뛰어난 성취를 보이기 위한 조건을 알아내기 위한 것이 전문가 연구를 실행하는 주요 목적이다. 2006년 Ericsson의 「전문성과 전문가 수행(*Expertise and expert performance*)」은 이러한 전문가 연구의 대표적인 예다.

용해 지식을 효율적으로 사용할 줄 안다는 것이다. 이들은 방대한 양의 지식을 소유하고 그러한 지식이 사용되는 과정을 자동화시킴으로써, 즉 일련의 단계를 의식적인 통제가 거의 필요하지 않은 통합된 루틴으로 만들어서 문제를 효율적이고 정확하게 해결한다(Frensch & Sternberg, 1989).

이러한 전문성은 타고난 재능이나 지능과는 다르게, 누구나 획득할 수 있는 것으로 알려져 왔다. 전문성이란 그 역량capacity을 어떻게 얻었는가와 상관없이 뛰어난 수준으로 일정하게 수행하는 역량을 지칭하는 것이며, 따라서 누구나 연습과 노력으로 전문가가 될 수 있는 것이다(Weisberg, 2006). 전문가에 대한 연구로 유명한 에릭손Ericsson 역시 전문가가 보여 주는 뛰어난 성취는 타고난 능력이 아닌 연습과 노력의 결과라고 말한다(Ericsson & Smith, 1991).

K. Anderson Ericsson

하지만 전문성이 창의의 재료라는 이 말은 어쩌면 경험적으로 쉽게 이해하기 힘들지도 모른다. 왜냐하면 매우 높은 수준의 전문성을 갖춘 사람들이 오히려 새로운 것을 만드는 데 어려움을 겪는 것을 우리는 종종 보아 왔기 때문이다. 사실 전문가들은 문제를 해결할 때 이미 자신이 소유한 방대한 지식으로 매우 빠르고 정확하게 답을 알아내기는 하지만, 자신이 소유한 지식과는 상이한 다른 종류의 해답을 알아내는 데에는 어려움을 겪는 것이 사실이다. 이런 이유로 어떤 학자들은 창의적인 무언가를 만드는 데 너무 많은 지식을 갖는 것은 오히려 방해가 된다는 주장을 하기도 한다.

이러한 주장을 하는 학자들은 주로 형태주의 심리학자들인데, 이들은 지식이 너무 없어도 안 되지만 지나치게 지식이 많아도 창의적으로 문제를 해결하는 일이 어렵다고 주장한다. 따라서 창의적으로 문제를 해결하는 데에 가장 적합한 지식의 양은 중간 정도라는 입장이며, 이는 영어의 U 자를 거꾸로 세워 놓은 형태를 띠는 것으로 표현되어 왔다. 300여 명의 저명한 인물을 분석한 시몬톤(Simonton, 1984)의 연구 결과는 이러한 주장을 지지하는 증거로 자주 제시되고 있다.

하지만 창의적으로 문제를 해결하기 위해서는 전문가 수준의 지식이 전제되어야 한다고 주장하는 학자들 역시 존재한다(Weisberg, 1999). 이들은 형태주의 심리학자들의 연구가 방법론적으로 오류가 있을 수 있다는 점을 환기시키는 동시에, 창의적 문제해결에 지식이 개입되는 방식에 대한 구체적 연구 결과를 기초로 창의에 있어 지식의 중요성을 강조한다. 헤이즈(Hayes, 1989)가 주장하는 10년의 법칙은 창의적 문제해결에 있어서의 지식의 중요성을 가장 명확하게 보여 준다. 헤이즈는 10년의 법칙을 말하면서, 작곡이나 그림 혹은 문학 등 분야를 막론하고 의미 있는 산물이 만들어지는 데에는 일정한 시간이 필요하며, 이는 평범한 사람뿐만 아니라 태어날 때부터 재능을 가지고 태어난 사람들의 경우에도 예외 없이 적용된다고 주장한다.

창의적 산물이 만들어지는 인지과정에 대해 연구해 온 와이즈버그(Weisberg, 1999, 2006) 역시 창의적인 산물을 만드는 데 결정적인 역할을 하는 것은 그 분야의 특수한 지식일 뿐이라고 말한다. 그리고 그는 이러한 지식이 활용되는 방식이 일반적 인지과정과 다를 바가 없으며, 창의적 문제해결을 만드는 특별한 인지과정은 존재하지 않는다고 주장한다. 따라서 창의적 인지과정을 밝히는 데 있어 우리에게 필요한 것은 보다 완벽한 일반적 인지과정에 대한 이론뿐이라고 주장한다. 이러한 그의 주장은 다소 극단적으로 보이기는 하지만, 창의적 문제해결 과정이 신비롭고 밝혀지기 어려운, 따라서 소수의 재능 있는 사람들만이 소유하는 특별한 능력이라는 관점에서 벗어나, 누구나 창의적인 사람이 될 수 있다는 전망을 열어 놓은 것으로 해석될 수 있다.

그러나 이것이 사실이라면, 모든 전문가가 창의적이지 않은 이유는 무엇일까? 오히려 전문가들은 새로운 답을 만드는 데 종종 어려움을 느끼곤 한다. 왜 그런 것일까? 그 비밀의 열쇠를 찾기 위해서는 창의적인 무언가를 만들 때 우리가 어떻게 생각하는지를 우선 알 필요가 있다. 평범한 생각을 할 때와 창의적인 생각을 할 때의 우리의 사고과정은 서로 다른 것일까? 창의적인 생각을 만드는 과정에는 어떠한 특별한 점이 있는 것일까? 이제 이러한 질문에 답해 보기로 하자.

Part 2

창의를
만드는
사고

창의를
만드는
사고

4

진화가 선택한 인간 사고의 방식:
인지적 구두쇠

자유롭게 상상하라! 고정관념을 깨라! 창의를 말할 때면 언제나 등장하는 말들이다. 이제는 너무 자주 들어서 창의를 만드는 공식처럼 들리는 말들이지만, 사실 이런 말들이 무엇을 의미하는지를 곰곰이 생각해 보면 이처럼 모호한 것이 또 없다. 자유롭게 상상한다는 것은 어떻게 상상하는 것인가? 고정관념은 어떻게 해야 깨지는 것인가? 하고 싶다고 자유롭게 상상이 되고 고정관념이 깨지기만 한다면, 이 세상의 모든 사람은 이미 창의적인 사람이 되었을 것이다.

지금부터 우리는 창의적인 무엇을 만들 때 우리가 어떤 방식으로 생각하는지에 대해 알아볼 것이다. 이를 이해하기 위해서는 우선 우리가 어떠한 과정을 통해 문제를 해결하는지에 대해 알 필요가 있다. 우리가 문제를 해결하는 사고방식은 크게 두 가지로 나뉜다. 이 두 가지 방식을 이해하는 것은 창의적인 생각이 만들어지는 과정을 이해하는 시작점이 될 것이다.

문제를 해결하는 두 가지 방식

우리가 어떠한 문제를 해결하는 사고방식은 크게 하향처리과정top-down processing과 상향처리과정bottom-up processing의 두 가지로 분류될 수 있다. 하향처리과정이란 문제를 해결할 때 일단 문제해결에 단서가 된다고 판단되는 무엇인가를 기준으로 잡고, 그것으로부터 문제를 해결해 나가는 사고과정이다. 이때 우리가 기준으로 잡는 단서는 우리의 머리에 저장되어 있는 유사한 과거의 경험이나 지식 등이 된다. 따라서 하향처리과정의 가장 큰 특징은 문제를 해결할 때 그 문제의 모든 측면을 살피는 것이 아니라 그중에서 결정적이라고 판단되는 단서를 선택한다는 데 있다. 이는 문제해결에 적절하다고 판단한 지식의 범위 내에서만 해결책을 탐색하는 과정이기 때문에, 이러한 과정은 문제해결을 위해 탐색해야 하는 탐색 공간을 축소시켜 줌으로써 인지의 부하를 줄여 줄 수 있다는 장점이 있다.

이에 반해, 상향처리과정은 모든 가능성을 열어 두고 문제해결에 필요한 지식을 광범위하게 탐색하여 문제를 해결하는 과정이다. 이러한 사고 과정은 문제를 해결하려 할 때 문제에 포함되어 있는 정보 중에서 그 시작점의 단서를 찾을 수 없는 경우에 발생한다. 제시된 문제에서 문제해결에 필요한 특정한 단서를 찾지 못했다면, 문제에 제시된 개별적인 자극들을 모두 탐색하고 이를 종합하고 추론하여 상위수준의 인지과정에 도달할 수밖에 없는 것이다. 간단히 정리하자면, 하향처리과정과 상향처리과정의 차이는 문제해결을 시작하는 단서를 찾을 수 있느냐 없느냐 하는 것이다. 예를 들어, 잃어버린 USB를 찾는 과정을 생각해 보자.

정민이는 오늘 오후 3시에 USB를 잃어버렸다는 것을 알게 되었다. 잃어버린 USB를 찾기 위해 어떻게 할 것인가? 정민이는 두 종류의 인지처리과정, 즉 하향처리과정과 상향처리과정 둘 다 사용할 수 있다.

만약 정민이가 USB를 잃어버렸을 확률이 가장 높은 곳을 생각해 본다면, 정민이는 하향처리과정을 시작한 것이다. 정민이는 오늘 아침에 과제를 하느라고 컴퓨터실에 갔던 것을 떠올리고 가장 먼저 컴퓨터실로 가기로 결정한다. 그곳에 USB가 있을 것이라고 확신할 수는 없지만, 보통은 작업한 파일을 USB에 저장하기 때문에 그곳에서 USB를 사용했을 것이고 그렇다면 USB가 있을 확률이 가장 높은 곳은 컴퓨터실이라고 생각하는 것이다.

만약 그곳에서 USB를 찾지 못한다면 정민이는 그다음으로 가능성이 높은 곳, 예를 들어 수업을 받았던 교실이나 혹은 친구와 과제에 대해 대화를 나누었던 곳 등을 떠올리고 그곳에 가 볼 것이다. 이러한 식으로 USB가 있을 만한 장소를 추론하고 그 장소를 중심으로 찾아본다고 해서 반드시 USB를 찾을 수 있는 것은 아니지만, 대개 이러한 방법은 시간과 경비 측면에서 매우 효율적이다.

물론 정민이가 상향처리과정을 사용하여 USB를 찾아볼 수도 있다. USB가 어디에 있을지를 추론해 보는 대신에 아침에 등교할 때부터 오후 3시까지 자기가 있었던 모든 곳을 찾아보기로 했다면,

정민이는 문제를 해결하기 위하여 상향처리과정을 사용하기로 결정한 것이다. 물론 이동 중에 길에 흘렸을 가능성도 있으므로 자기가 들렀던 장소뿐만 아니라 지나온 모든 길도 찬찬히 살펴봐야 한다. 누군가 USB를 가져가지 않았고 자기가 지나온 모든 길과 장소를 정확히 기억하고 있다면, 이 방법은 USB를 찾는 것을 보장해 준다. 하지만 이 방법은 너무나 시간이 오래 걸릴 뿐만 아니라 무척이나 피곤한 일임에 틀림없다.

이와 같은 두 가지 인지과정에는 각각의 장점과 단점이 있음에도 불구하고, 우리는 대개 문제를 해결할 때 하향처리과정을 선호한다. 왜냐하면 하향처리과정이 상향처리과정에 비해 보다 인지적인 부담이 적기 때문이다. 다시 말하면, 하향처리과정을 사용하는 것이 덜 피곤하기 때문이다.

제시된 문제에서 어떠한 단서도 찾지 못했을 경우나 혹은 자기가 찾은 단서에 확신이 없을 때에는 상향처리과정을 사용하는 것이 당연한 일일 것이다. 그리고 실제로 인지가 부담해야 하는 비용을 어느 정도 감수하기만 한다면, 상향처리과정은 문제의 해결을 반드시 보장할 수도 있다. 하지만 실제로 이런 일은 거의 일어나지 않는다. 비록 하향처리과정을 통해 문제가 해결되지 않을 수도 있지만, 우리는 가장 중요하다고 생각하는 단서를 찾고 이 단서를 기초로 문제를 해결하기 시작한다. 이는 인간이 시간과 노력을 많이 들이더라도 가능한 모든 정보를 확인하고 이를 기초로 문제를 해결하는 것보다는 문제해결을 위한 인지부담을 감소시켜 보다 효율적으로 문제를 해결하는 것에 더 큰 무게를 두기 때문이다.

그렇다면 하향처리과정에 대한 우리의 선호는 비합리적이며 극복되어야 할 관성일까? 문제 상황에서 특정한 단서에 주목하고 이로부터 문제를 해결해 가는 인간의 인지 특성은 극복되어야 할 비합리적인 사고일까?

인간 사고의 특징: 휴리스틱스

우리에게는 암묵적으로 우리 인간은 본래 합리적인 존재라는 믿음이 있다. 사실, 인간이 합리적이라는 가정은 우리가 어떻게 생각하고 어떻게 의사결정을 하는가에 대한 논의를 이끌어 온 기본 가정이었다. 예를 들어, 특정한 사건에 대한 정확한 해석은 그 사건이 일어난 상황뿐만이 아니라 그 사건이 일어나기 이전의 기본 정보들까지 고려해야 한다는 베이즈 Thomas Bayes(1702~1761)의 확률론은 인간이 합리적이라는 대전제 위에서만 가능한 제안이다. 물론 모든 사람이 모든 상황에서 베이즈가 제시한 확률론에 따라 판단하는 것은 아니지만, 이는 그 문제에 대한 전문 지식이 부족해서이지 인간이 그렇게 사고하지 못하기 때문은 아니라고 생각해 왔다.

2002년 노벨 경제학상을 수상한 카너먼Daniel Kahneman과 그의 동료 트버스키Amos Tversky의 연구가 있기 전까지 우리가 보편적으로 믿어 왔던 것은 이처럼 인간은 모든 정보를 면밀히 검토하고 이를 토대로 사고할 수 있는 존재라는 가정이었다. 하지만 카너먼과 트버스키는 인간은 우리가 생각하는 것만큼 그렇게 합리적으로 판단하는 존재가 아니라고 주장한다. 인간의 판단과 결정은 엄밀한 논리적 규칙에 근거하는 대신에, 상황이나 맥락에 좌우되어 어림잡아 혹은 주먹구구식으로 이루어지는 다분히 실용적인 사고에 기반을 둔다는 것이다. 카너먼과 트버스키는 인간의 이러한 사고과정을 휴리스틱스heuristics라는 용어로 표현하는데, 이를 어림법이라고 번역하는 것은 이러한 이유 때문이다.

카너먼과 트버스키는 인간의 사고가 우리가 믿어 왔던 것처럼 이성적이고 합리적이지 않다는 사실을 보여 주기 위해 수많은 실험을 했고, 그러한 실험을 통해 우리가 어떤 식으로 사고하고 문제를 해결하는지를 보여 주고자 했다. 이들이 제시하는 휴리스틱스의 유형들, 즉 대표성 휴리스틱스representative heuristics나 가용성 휴리스틱스availability heuristics 등은 인간의 의사결정이 우리의 기대만큼 그다지 합리적이지 않다는 것을 보여 주는 예라 할 수 있다.

이들이 설명하는 휴리스틱스를 간단히 살펴보자. 우선, 대표성 휴리스틱스는 판단하고자 하는 대상이 특정한 모집단의 원형을 닮아 있으면 모집단의 특성만을 판단의 단서로 사용하는 경향성을 의미한다. 따라서 대표성을 갖는 모집단의 특성 이외에 다른 중요한 판단의 근거들은 무시되는 경향이 발생한다.

예를 들어, 두 집단의 사람들에게 다음과 같은 문제를 제시한 경우를 생각해 보자.

법조인과 농부 100명에 대한 정보가 들어 있는 파일함에서 한 개의 파일을 꺼냈더니 다음과 같이 적혀 있었다. 〈한민경 씨는 35세의 기혼 여성으로 아이가 1명 있습니다. 그녀는 매우 진보적인 성향을 갖고 있으며, 냉철하고 합리적입니다. 그녀는 정치와 사회 문제에 관심이 많으며 사람들과 이러한 주제로 말하는 것을 좋아합니다. 또한 여가 시간의 대부분을 어려운 사람들을 위한 무료봉사나 가족들과의 여행으로 보냅니다.〉 한민경 씨가 법조인일지 농부일지를 판단하시오.

이때 한 집단에게는 100명의 파일 중 30명은 법조인이고 70명은 농부라고 알려 주었고, 다른 집단에게는 반대로 30명이 농부이고 70명이 법조인이라고 알려 주었다. 파일함에 들어 있는 법조인과 농부의 수를 다르게 제시했음에도 불구하고, 두 집단 모두 한민경 씨가 법조인일 거라고 판단하는 사람들의 비율이 훨씬 높았다.

이러한 결과는 대표성 휴리스틱스가 어떻게 작동하는지를 명확하게 보여 주고 있다. 사람들은 한민경 씨의 특징이 법조인이 보여 주는 특징과 매우 유사하다는 사실에 초점을 두어 판단했던 것이다. 만약 사람들이 베이즈가 가정한 것처럼 합리적인 존재라면 이들은 문제해결에 중요한 단서인 사전확률, 즉 파일함에 들어 있는 법조인과 농부의 수를 고려했어야 했고, 한민경 씨의 파일이 무작위로 뽑혔다는 사실 역시 고려했어야 했다. 하지만 실험결과는 우리들 대부분이 정보의 특정 부분에만 초점을 둔다는 것을 보여 주었다.

한편, 가용성 휴리스틱스란 접근 빈도가 높은 범주에 대한 인지

편향성을 의미한다. 가용성 휴리스틱스가 판단에 개입되는 경우, 우리는 대개 구체적이고 생생한 예를 얼마나 쉽게 떠올릴 수 있는 가에 기초하여 판단하게 된다. 이러한 판단이 유용할 수도 있지만 때로는 가장 쉽게 머릿속에 떠오르는 것이 전형적인 사례가 아닐 수 있다는 문제점이 있는 것이 사실이다.

예를 들어, 매스컴에서 접하는 정보의 양으로 인해 어떤 사건이 실제보다 과장되어 빈번하게 발생되는 것으로 판단하게 되는 것은 가용성 휴리스틱스의 예가 될 수 있다. 또 다른 예로는 'r로 시작하는 영어 단어 수와 r이 세 번째에 위치하는 영어 단어 수 중 어느 것이 더 많은가?'라는 질문에 일반적으로 r로 시작하는 단어가 더 많다고 답하는 경우를 들 수 있다. 실제로는 r이 세 번째에 위치하는 단어가 더 많음에도 사람들이 그렇게 답하는 이유는 판단을 할 때 순간적으로 r이 세 번째 있는 단어보다는 r로 시작하는 단어들이 훨씬 더 쉽게 떠오르기 때문이다. 다시 말하면, 기억으로부터의 가용성availability이 현상을 판단하는 데 중요한 역할을 하는 것이다.

이처럼 우리의 사고는 우리가 생각하고 가정하는 것만큼 합리적으로 작동하지 않는 것이 사실이다. 따라서 이러한 사고과정은 종종 판단의 오류를 만들기도 한다. 그럼에도 불구하고 대다수의 우리들은 어째서 모든 단서를 정밀하게 검증하지 않고 특정한 단서만을 판단의 근거로 사용하는 것일까? 이러한 현상은 우리가 극복해야 할 과제일까? 아니면, 오류가 있을 수 있음에도 불구하고 우리가 휴리스틱스를 사용하는 데에는 특별한 이유가 있는 것일까?

진화의 고민: 정확성과 신속성의 딜레마

　　　　　　　　　　　　이러한 질문에 답하기 위해
서는 우리가 어떻게 진화되어 왔는지를 살펴볼 필요가 있다. 개체
내에서의 변이와 자연으로부터 선택이 반복되는 진화의 과정은 우
리의 인지 체계를 내적 자극과 외적 자극을 정확하게 판독하고 신
속하게 대응하도록 유도해 왔다. 인간의 생존에 결정적인 역할을
하는 지능부터 얘기를 시작해 보자.

　지능intelligence은 보통 적응adaptation이라는 말로 정의되며, 적응이
란 곧 생존을 의미한다. 이때 생존을 위해서는 두 가지 필수요건이
충족되어야만 하는데, 그것은 바로 '정확성accuracy'과 '신속성speed'
이다. 문제의 해결에 정확성이 중요하다는 것은 의심할 여지가 없
을 것이다. 예를 들어, 산에서 길을 잃었을 때 처음 보는 과일을 먹
을 것이냐 말 것이냐를 결정하는 데 정확한 판단은 필수적인 요소
다. 따라서 정확성이 생존의 전제 조건임에는 틀림없다. 하지만 생
존의 조건에는 또 하나의 필수조건이 있다. 그것은 신속성이다.

　무엇을 정확하게 알고 있는 것도 중요하지만, 그것을 빠르게 인
출하여 사용하는 것 역시 중요한 일이다. 시험을 볼 때 "알고는 있
는데 시간이 모자란다."는 말을 하는 아이들이 있다. 하지만 알고
만 있어서는 소용이 없다. 알고 있는 것만큼 중요한 일이 그것을
빠르게 인출하는 것이다. 알고는 있다 하더라도 그 지식을 인출하
는 데 어려움을 겪는다면, 그 사람은 문제가 해결되어야 할 시기를

놓치게 될 것이고, 결국은 생존하는 데 어려움을 겪게 될 것이다. 사실, 지능검사를 포함하여 모든 능력 측정 검사들이 제한시간을 두는 이유는 능력을 판단하는 데 있어 신속성의 중요성 때문이다. 따라서 우리 인간의 사고과정은 정확성과 신속성이라는 두 가지 측면을 강조하면서 진화되어 왔다.

이처럼 자극을 정확하게 해석하고 신속하게 반응하는 것이 인간 진화의 핵심이라는 것을 이해한다면, 하워드 가드너Howard Gardner (1983)가 다중지능multiple intelligence을 제안하면서 어째서 각각의 지능을 독립적인 모듈로 제안했는지를 충분히 이해할 수 있을 것이다. 지능이 적응의 핵심 기능을 하는 것이라면, 지능이 독립적인 모듈로 작용한다는 것은 매우 설득력 있는 제안이라 할 수 있다. 정보를 정확하게 판단하고 신속하게 반응하는 가장 좋은 방법은 그 과정이 독립적인 모듈로 기능할 때이기 때문이다.

모듈이란 어떠한 통합적인 체계를 이루는 기본이 되는 단위를 의미한다. 따라서 가능한 반응들 중에서 가장 신속한 반응은 그것이 모듈로 작동할 때다. 그리고 이러한 모듈은 독립적으로 기능할 때 최대의 속도가 보장된다. 독립적이라는 말은 그러한 반응을 처리하는 기관이 별도로 존재한다는 의미이기 때문이다.

따라서 반응이 독립적인 모듈로 진행될 때 우리는 가장 신속한 반응을 기대할 수 있게 된다. 이런 이유로 외부자극을 즉각적으로 판단해야만 하는 우리의 감각기관은 독립적인 모듈을 갖는다. 예를 들어, 우리의 시각과 청각은 모듈로 작동하며 서로 독립적이다. 각각의 감각은 자신만의 고유한 모듈로 작동하기 때문에 신속한 반

：다중지능이론

하워드 가드너(Howard Gardner)는 인간의 지능은 서로 독립적으로 기능하는 다양한 종류가 있다는 다중지능이론을 제안했다(Gardner, 1983). 그가 제안하는 지능은 다음과 같은 8개의 요인 중에서 5개 이상을 충족시켜야 한다. 뇌손상에 의한 분리, 신동의 존재, 독자적인 발달사, 진화사, 핵심 활동의 존재, 실험적 증거, 심리측정학적 증거 그리고 상징체계에서의 부호화. 이러한 준거를 기초로 그가 제안하고 있는 지능으로는 신체-운동(bodily-kinesthetic) 지능, 음악(musical) 지능, 언어(linguistic) 지능, 대인관계(interpersonal) 지능, 논리-수학(logical-mathematical) 지능, 공간(spatial) 지능, 내성(intrapersonal) 지능, 자연탐구(Naturalist) 지능 등이 있다.

응이 가능하며, 또한 이들은 서로 독립적이기 때문에 다른 기관의 간섭 없이 독자적으로 기능함으로써 신속함의 정도를 극대화시킬 수 있는 것이다.

물론 우리의 사고과정은 고도의 정신작용이기에 감각기관에 의해 작동되는 지각의 과정처럼 순수하게 모듈로 작동할 순 없지만, 그럼에도 불구하고 정확하면서도 신속하게 적응하려는 경향성을 추구하면서 진화되어 왔다는 것은 틀림없는 사실이다. 따라서 정확성과 신속성이라는 두 개의 요인은 인간의 사고과정의 핵심이 된다.

그런데 이처럼 생존을 위해 정확성과 신속성 두 가지를 동시에 만족시켜야 한다는 사실은 매우 심각한 문제를 발생시킨다. 일반적으로 모든 시스템은 자연적인 것이든 인공적인 것이든 타협을 위한 손익의 교환trade-off에 기초를 두고 있다. 예컨대, 반응의 정확성을 높이려 하면 신속성이 감소하고, 신속성을 강조하면 정확성이 떨어질 수 있다. 그러므로 대부분의 상황에서 효율적으로 기능하는 시스템이라고 하더라도, 특정한 상황에서는 그 시스템이 비효율적으로 작동할 수도 있는 것이다. 물론 특정한 하나의 시스템이 다양한 상황에서 만족스럽게 기능할 수 있도록 설계할 수도 있겠지만, 이를 만족시키는 시스템은 지나치게 둔중하고 복잡할 수밖에 없으며, 결국 비용-효과 측면에서 효율성을 담보하기 힘들게 된다.

물론 해결방법을 정확하게 알고 있는 경우에는 아무런 문제가 없다. 해결에 필요한 정확한 절차와 지식이 있다면, 이미 알고 있는 절차에 따라 문제를 빠르고 정확하게 해결하면 될 것이다. 우리가 무언가를 배우고 이를 반복하여 암기하는 이유가 바로 이처럼 빠르고 정확하게 문제를 해결하기 위해서다.

하지만 우리가 살아가면서 마주하는 모든 문제의 해법을 기억하는 일은 불가능하다. 해결해야 할 문제의 양이 많기도 하거니와, 때로는 해결해야 할 문제들의 해법이 정확하게 알려져 있지 않은 경우도 있기 때문이다. 결국 우리는 문제를 해결하기 위해서 어쩔 수 없이 우리의 기존 지식을 바탕으로 문제의 해답을 스스로 구성해내야만 하는 것이다. 다시 말하면, 끊임없이 유입되는 수많은 자극들 중에서 필요한 정보를 선택하고, 관련된다고 판단되는 기존 지식을 인출하여 정답을 추론하는 과정이 필요한 것이다. 이는 결국 문제해결을 위해서 우리가 전략을 사용한다는 의미다. 그리고 이러한 전략은 인지의 효율성이라는 특징을 반영하여 작동된다. 즉, 신속성과 정확성을 어떻게 배분하느냐의 문제인 것이다. 이러한 손익의 교환이라는 측면에서 인간 사고의 진화는 정확성과 신속성의 최적의 비율을 찾는 과정이라고 말할 수 있다.

이처럼 인간은 이들 두 요소를 가장 효율적으로 운영하기 위한 최적 비율을 추구하면서 진화해 왔다. 인지심리학에서 흔히 사용되는 '인지적 구두쇠cognitive miser'라는 표현은 인간의 인지가 이러한 효율성의 방향으로 기능한다는 사실을 강조하는 은유이기도 하다 (Plucker & Beghetto, 2004). 지금부터 살펴볼 지식이 저장되는 방식은 인간의 사고가 효율성을 극대화시키기 위한 방향으로 진화되어 왔다는 사실을 잘 설명해 준다.

: **인지적 구두쇠**

인지 경제성(cognitive economy)이라고도 표현되는 이 말은, 1922년에 발간된 미국 저널리스트 월터 리프먼(Walter Lippmann, 1899~1974)의 저서 『여론(Public opinion)』에서 설명하고 있는 개념이다. 인지적 구두쇠(cognitive miser)란 사회적 현실을 단순화하여 정보처리 과정에 시간과 노력을 절약하려는 인간의 심리학적 기제를 의미하며, 이는 우리 인간의 보편적인 특징으로 인정되고 있다.

네트워크로 만들어지는 머릿속 세상

지식은 문제해결에 있어 필수적인 요소다. 하향처리과정이나 상향처리과정 중 어느 것을 선택한다고 하더라도 일단은 머릿속에 지식이 없다면 문제를 해결할 수는 없을 것이다. 그렇다면 우리의 지식은 머릿속에 어떤 모습으로 저장되어 있을까? 그리고 저장된 지식의 구조는 인간 사고의 효율성과 어떤 관련이 있는 것일까?

외부 환경으로부터 유입된 경험이나 지식이 우리의 머릿속에 저장되는 것을 기억memory이라고 한다. 동물의 학습 실험이나 뇌손상을 입은 환자에 대한 연구 등을 통해 우리는 기억이 뇌의 대뇌피질cerebral cortex과 관련되어 있으며, 경험을 포함한 다양한 지식들이 신경계의 뉴런에 저장된다는 것을 알게 되었다.

하지만 보다 중요한 발견은 지식이 저장되는 위치가 아니라 그

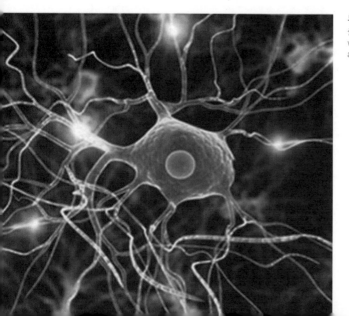

뉴런의 네트워크 구조
출처: http://www.wonder
whizkids.com/index.php/
artificial—intelligence

것이 저장되는 구조였다. 우리의 뇌에 저장되는 지식의 형태는 한 마디로 '네트워크network'라는 말로 정리될 수 있다. 즉, 우리가 경험하는 사건이나 우리가 습득하는 지식들은 서로 관련성을 갖고 연계되어 저장되는 것이다. 이를 그림으로 나타내면 다음과 같이 표현될 수 있을 것이다.

지식이 우리의 뇌에서 순차적으로 쌓여 가는 것이 아니라 서로 관련되는 것끼리 연계되어 저장된다는 사실은 어렵지 않게 확인될 수 있다. "제시되는 단어를 듣고 생각나는 단어 하나를 말하시오." 라는 질문을 받았다고 생각해 보자. 만약 우리에게 제시된 단어가 '하늘'이라는 단어라면, 어떤 단어가 생각날까? 사람에 따라 조금

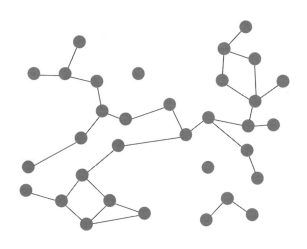

네트워크를 이루는 지식의 구조

씩 다르겠지만, 답은 대부분 비슷할 것이다. 예를 들어, 가장 빈도가 높은 답은 아마도 '구름'이나 '비행기' 혹은 '별' 정도일 것이다. 물론 이 외에도 다양한 대답이 있을 수 있겠지만, 대부분의 답은 '하늘'이라는 단어로부터 어렵지 않게 유추할 수 있는 그런 답들일 것이다.

'바다'라는 단어가 제시되었다면 어떨까? '하늘'이라는 단어가 제시되었을 때의 답과 겹치는 답들도 있겠지만, 대부분의 답들은 '하늘'이라는 단어가 제시되었을 때와는 어느 정도 차이가 있을 것이다. 우리가 쉽게 예상할 수 있는 답들은 '물고기'나 '배' 혹은 '파도' 정도가 될 것이다. 물론 '바다'라는 단어에 대해 '하늘'이라는 단어가 제시되었을 때 답했던 '비행기'라는 답이 나올 수 도 있을 것이다. 하지만 '바다'라는 단어에서 '비행기'라는 단어가 떠올랐다는 것이 그다지 이상하지는 않을 것이다. 우리의 상식선에서 이 답 또한 충분히 가능한 것이다.

그렇다면 '바다'라는 단어가 제시되었을 때 '햄버거'라는 답을 하는 것은 가능할까? 대부분의 사람들은 '바다'라는 단어에서 '햄버거'를 떠올리지는 않을 것이다. 물론 '햄버거'가 무엇인지 모르는 사람은 당연히 '햄버거'를 생각할 수 없겠지만, 알고 있는 경우에도 '햄버거'가 떠오르기는 쉽지 않을 것이다. 그 이유는 '햄버거'는 '바다'라는 단어와 연계되어 저장되어 있지 않기 때문이다. 일반적인 사람이라면 '햄버거'는 '바다'가 아닌, 다른 단어와 함께 저장되어 있을 것이다.

하지만 '바다'와 '햄버거'에 대해 특별한 경험을 지닌 사람의 경우에는 '바다'에서 '햄버거'로의 연상은 극히 자연스러울 수도 있다. 바닷가에 있는 햄버거 가게에서 아르바이트를 해 본 경험이 있는 사람에게는 '바다'라는 단어와 '햄버거'는 아주 강하게 연결되어 저장되어 있을 것이고, 이 사람은 '바다'라는 단어를 들으면 자연스럽게 '햄버거'가 떠오를 것이다.

이처럼 우리 머릿속의 지식들은 서로 관련성을 가지고 연결되어 저장되고 있다. 그렇다면 지식이 이처럼 네트워크를 이루어 저장되는 이유는 무엇일까? 이는 지식이 서로 연계되어 저장되어야 보다 효율적으로 지식을 인출할 수 있기 때문이다. 지식이 서로 관련되는 것끼리 저장되어야 인출이 효율적이라는 사실은, 우리가 파일을 컴퓨터에 저장하는 과정을 생각해 보면 쉽게 이해될 수 있다.

컴퓨터에 파일을 저장할 때 우리는 일반적으로 폴더를 만든다. 폴더를 만드는 이유는 서로 비슷한 성격을 가진 파일들을 하나의 독립된 폴더에 저장함으로써, 후일 그 파일이 필요할 때 효율적으로 찾고자 함이다. 물론 개별적인 폴더를 만들지 않고 하나의 폴더에 모든 파일을 저장해도 파일을 찾을 수는 있다. 하지만 이렇게 파일을 저장하면 파일을 찾는 일이 매우 힘들어질 뿐만 아니라, 때로는 파일을 찾지 못하는 경우까지 발생하기도 한다. 이와 마찬가지로 우리가 서로 관련 있는 지식끼리 연계하여 저장하는 이유 역시 비슷한 성격의 지식끼리 모아 두면 필요한 지식을 찾아야 하는 곳을 쉽게 알 수 있기 때문이다. 결국 뇌에 저장되는 지식이 네트워크를 형성하는 이유는 저장된 지식의 효율적인 인출을 위해서인 것이다.

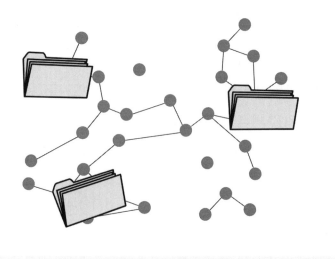

지식의 구조와 컴퓨터 폴더와의 유사성

지금까지 우리는 인간이 지식의 효율적 인출을 위해 지식을 네트워크의 형태로 저장한다는 사실을 살펴보았다. 생존을 위해 정확성과 신속성을 동시에 만족시키기 위해서는 필요한 지식에 조금이라도 빨리 접근할 수 있는 구조가 필요했으며, 이것이 바로 우리 머릿속의 지식들이 네트워크를 이루는 이유인 것이다.

합리적이지 않은, 그러나 합리적인!

제시된 문제의 모든 정보를 꼼꼼히 검토하고 이를 토대로 관련 지식을 인출하여 문제를 해결하는 것이 정확한 답을 도출하는 가장 좋은 방법일 것이다. 하지만 우리는 어느 정도의 오류가 발생할 가능성을 감수하고서라도 신속하게 결정하는 사고를 한다. 어쩌면 이것은 인간의 사고가 생존의 필수 요소인 정확성과 신속성이라는 두 요소 간의 최적의 접점을 찾아가며 진화되어 온 결과일지도 모른다.

카너먼과 트버스키는 우리들의 판단은 베이즈가 가정했던 것처럼 확률론에 근거한 합리성에 따르는 것이 아니라, 자신의 주관적 신념에 영향을 받는다는 사실을 보여 주었다. 그렇다면 우리의 이러한 직관은 비합리적인 것이고 극복해야 하는 대상인 것일까? 물론 우리의 직관이 때때로 오류를 만드는 것은 사실이지만, 그럼에도 불구하고 우리가 이러한 사고를 지속하는 데에는 어떤 이유가 있는 것은 아닐까?

사실, 베이즈가 주장한 확률론에 근거한 인간의 합리성은 인간 생존의 필수 요소인 정확성과 신속성 중에서 정확성을 강조한 것이고, 카너먼과 트버스키의 휴리스틱스는 신속성을 강조한 것으로 해석될 수 있다. 만약 우리의 사고가 베이즈의 확률론에 근거하여 진행된다면 정확한 답을 만들어 낼 수는 있겠지만 우리가 감수해야 할 인지의 부담은 결코 만만치 않을 것이다. 반대로 휴리스틱스적인 사고의 가장 큰 미덕은 신속성에 있다. 물론 이러한 휴리스틱스적인 사고가 항상 오류만을 만든다면 우리는 이러한 사고를 더 이상 하지 않았을 것이다. 하지만 우리가 다소의 오류가 발생할 가능성을 감수하고서라도 휴리스틱스를 사용해 온 이유는 휴리스틱스가 우리가 생각하는 것보다 훨씬 더 정확한 결과를 낳기 때문이다(Evans & Over, 1996). 그렇다면 우리의 이러한 사고를 비합리적이라고 폄하하는 것은 조금은 성급한 결론일지도 모른다.

카너먼과 트버스키는 베이즈의 '규범적 합리성normative rationality' 대신 '휴리스틱 합리성heuristic rationality'을 말한다. 휴리스틱 합리성이란 사이먼(Simon, 1947)이 주장한 '제약적 합리성bounded rationality'의 확장된 개념이다. 제약적 합리성이란 어떠한 제약이 있는 상황에서는 이론적으로 완전한 결과보다는 그 제약 안에서의 최선이 보다 합리적이라는 의미다.

인간 사고의 경우, 우리의 정보처리능력에는 제약이 있기 때문에 모든 가능성을 고려하거나 모든 정보를 평가하여 의사결정을 하는 것은 불가능하다. 따라서 우리는 결과가 '최적만족optimizing' 상태가 될 때까지 계속해서 문제해결을 시도하는 대신에 '적정만족satisficing'의 수준에서 문제해결을 종결하는 특성을 보인다.

사이먼의 설명처럼 우리는 '적정만족 추구자satisficer'로서 행동하는 것이다. 건초더미에서 바늘을 찾는 경우, 어느 정도 만족스러운 바늘을 찾는 순간 더 이상 건초더미를 파헤치지 않는 사람들인 것이다. 만약 우리가 '최적만족 추구자optimizer'로서 행동한다면 건초더미에서 어느 정도 만족스러운 바늘을 찾았다고 하더라도 건초더미를 계속 파헤쳐서 최대한 많은 바늘을 찾은 후에 그중에서 가장 예리한 바늘을 선택할 것이다. 하지만 우리는 '최적만족 추구자'처럼 행동하지 않는다(Adams, 2001). 우리의 삶은 우리가 마주치는 모든 건초더미를 완벽하게 분해할 시간을 허용하지 않으며, 우리의 본능은 가장 예리한 바늘에 살짝 못 미치는 데서 만족하도록 유도한다.

다시 말하면, 완전히 문제를 해결하지 못해도 어느 정도 만족한 결과가 나오면 그 정도 수준에서 문제를 종결하는 것이다. 결국, 손익의 최적점을 찾기 위해 인간이 택한 진화의 방식은, 자신이 대처할 환경에 대해 '신속하지만 그러나 완전하지는 않은' 적응이라는 기제인 것이다(Sternberg, 2003).

우리가 제약조건 내에서 최적화 대신 만족화를 택하는 인지특성을 가진다는 것을 이해한다면, 휴리스틱스적인 사고가 잘못된 사고과정이 아니라 인지부하를 감소시키면서 동시에 최선의 결과를 얻으려는 우리의 고유한 인지 특성임을 어렵지 않게 이해할 수 있을 것이다. 모든 것을 검토하기에는 여러 가지 제약이 따르는 우리의 인지구조 내에서 정확성과 신속성의 최적의 접점을 찾으려는 노력은, 상향처리보다는 하향처리를 그리고 규범적 합리성보다는 휴리스틱 합리성을 선호하며 진화하도록 만들어 왔던 것이다. 이러한 사고가 반드시 최적의 답을 보장하는 것은 아니지만, 그럼에도 우리는 가급적이면 인지에 부담을 최소화하면서 최선의 답을 찾으며 진화되어 왔다. 결국 우리가 사용하는 휴리스틱스적인 사고는 결점이라기보다는 우리의 본질인 것이다.

　그렇다면, 새로움을 상상하는 창의적인 사고를 할 때의 우리의
사고과정은 어떨까?

5.

새로움을
상상하는 인간의 사고과정

지금까지 우리는 일반적인 문제해결에 관여하는 인지과정에 대해 살펴보았다. 우리의 사고과정에 가장 큰 영향을 미치는 것은 문제해결에 사용되는 인지적 비용을 최소화하려는 우리의 속성이었다. 인지적 자원을 가장 적게 쓰면서 가장 빠르게 정답을 찾아내는 가장 좋은 방법은 문제를 해결하는 알고리즘algorithm을 정확하게 알고 있을 때다. 알고리즘이란 제대로만 따라가면 문제의 정답이 보장되는 단계별 절차를 말한다(Gerring & Zimbardo, 2001). 예를 들어, $X^2+X-12=0$이라는 문제의 X값을 구하는 데 필요한 단계별 절차를 정확하게 알고 있다면 정확한 X값을 구하는 것은 그리 어려운 일이 아닐 것이다.

그러나 우리는 모든 문제에 대한 알고리즘을 알고 있지 못하며 또한 알 수도 없다. 사실, 우리가 마주치는 문제들은 해결을 위한 알고리즘이 알려져 있지 않은 경우가 대부분이다. 이럴 경우, 우리는 문제를 해결하는 데 도움이 된다고 판단되는 지식을 인출하여 그 지식을 사용해 문제를 해결해야 한다. 이때 어떠한 지식을 인출할 것이냐는 결국 문제에 제시된 수많은 자극들 중에서 어떠한 자극을 선택하느냐의 문제가 되는데, 자극을 선택하는 데 있어 우리가 의지하는 것은 대부분 우리의 과거 경험이다.

이처럼 문제에 제시된 자극들 중에서 특정한 단서를 찾고 이로부터 문제해결을 시작하는 하향처리과정은 효율성을 극대화하려는 인간의 인지 특성을 반영하는 자연스러운 과정이라는 것을 4장에서 충분히 살펴보았다. 물론 그 단서가 옳지 않을 경우 잘못된 결론에 도달할 수도 있지만, 대개의 경우 이러한 하향처리과정은 인지적 비용이라는 측면에서 매우 유용한 방식의 문제해결 과정이라 할 수 있다.

지금까지 살펴본 하향처리과정은 하나의 정답을 찾아내는 문제를 해결하는 데에는 매우 효과적인 인지처리과정이다. 그렇다면 하나의 정답이 아닌 다양한 답이 요구되는 상황에서 우리는 어떻게 문제를 해결하는 것일까?

새로워지라고 하면 새로워지나요?

우리가 마주치는 대부분의 문제는 정답이 하나다. 예를 들어, '2+X=7'이라는 문제에서 X는 5로 정해져 있으며, 'How are you?'는 '안녕하세요?'라고 해석된다. 이러한 문제를 해결하는 과정에서 가장 먼저 일어나는 인지활동은 문제의 성격을 규정하는 것이다. 문제의 종류와 특징이 규정되어야만 적절한 조작을 위한 지식에 접근할 수 있기 때문이다. 만약 문제 자체의 성격을 규정할 수 없다면 더 이상의 인지과정은 진행되지 않을 것이다. 간단한 예를 들자면, '2+X=7'이라는 방정식을 해결하려면 일단 이 문제가 수학과 관련된 문제라는 규정이 필요하고, 'How are you?'라는 문장의 뜻을 이해하려면 이 문제가 영어와 관련된 문제라고 규정을 해야만 어떠한 지식을 인출해야 하는가를 결정할 수 있는 것이다.

하지만 문제를 규정하는 일이 '2+X=7'이나 'How are you?'의 예와 같이 항상 간단하고 직접적인 것은 아니다. 대개의 문제들은 다양한 정보로 매우 복잡하게 제시되는 경우가 보통이다. 따라서 문제를 정확하게 규정하기 위해서는 문제가 제시되는 시점부터 적절한 전략을 가동해야만 한다. 일단 문제를 구성하는 수많은 자극들 중에서 문제를 규정하는 데 결정적이라고 판단되는 자극을 선택하고 이에 집중해야만 한다. 즉, '선택적 주의selective attention'가 필요하다.

예를 들어, 다음 문제를 생각해 보자.

> 박테리아를 배양하고 있는 실험실의 한 연구원은 박테리아가 매분마다 2배로 증가함을 알게 되었다. 12시부터 배양접시에 박테리아의 배양을 시작했고, 그로부터 2시간이 지난 2시가 되자 박테리아가 배양접시를 가득 채웠다. 배양접시의 절반이 박테리아로 채워졌을 때는 몇 시인가?

이 문제를 보았을 때, 우리는 만약 이 문제를 수학과 관련된 방정식 문제라고 규정했다면, 그 이유는 무엇일까? 가장 큰 이유는 제시된 문제에 숫자와 시간에 따른 규칙이 존재한다는 사실에 집중했기 때문이다. 숫자를 이용해야 하며 문제에 일정한 규칙이 존재한다는 것은 수학에서의 방정식을 구성하는 특징이기 때문이다.

그렇다면 우리가 숫자와 규칙에 집중하는 이유는 무엇일까? 다시 말하면, 문제에 제시된 다양한 정보들, 예를 들어 박테리아라든가 배양접시 등에 집중하지 않고 숫자와 규칙에 집중하는 것은 왜일까? 그 이유는 바로 과거의 경험 때문이다. 우리가 이 문제를 수학문제로 규정하는 이유는 이 문제의 형식이 과거에 우리가 학습했던 수학에서의 방정식 문제와 유사하기 때문이다.

여기서 매우 중요한 사실은, 문제의 성격 규정이 문제에 제시된 모든 정보를 분석하는 과정을 거쳐 발생하지 않는다는 것이다. 우리가 문제를 규정하는 과정은 우리의 경험에 기대어 매우 신속하게 발생한다. 대개는 제시된 문제 상태와 개인의 과거 경험의 표면적 유사성만으로 결정된다. 이는 신속하게 결정하고자 하는 인간의 사고특징을 반영하는 결과다. 결국, 우리는 우리가 인출해야 할 관련 지식의 범위를 축소시킴으로써 문제해결에서의 인지부담을 감소시키려 한다. 이렇게 해야만 보다 신속한 의사결정이 가능하기 때문이다.

일단 이와 같이 문제의 성격이 규정되고 나면, 문제를 해결하는 데 필요한 관련 지식의 종류가 결정된다. 그리고 우리는 문제해결에 관련된다고 판단되는 지식이 모여 있는 폴더로 들어가 문제를 해결하려고 시도한다. 이때 그 폴더에 문제해결에 적합한 정확한 지식과 절차가 있다면, 그 지식이나 절차를 사용함으로써 문제를 해결할 수 있다. 하지만 정확하게 일치하는 지식이나 절차가 없다면 우리는 추론inference이라는 과정을 통해 답을 구성해 내야만 한다.

그렇다면 다양한 답이 가능한 문제의 경우는 어떨까? 하나의 정답이 아니라 다양한 답을 만들어 낼 수 있는 상황에서 우리는 어떠한 방식으로 문제를 해결하게 될까? 흥미롭게도 다양한 답이 요구되는 상황에서도 우리는 대개 하향처리과정을 사용하여 문제를 해결한다. 이러한 사실은 창의적 인지과정을 연구해 온 와드Ward의 실험을 살펴보면 분명하게 알 수 있다.

와드(1991)는 다양한 답이 가능한 상황에서 사람들이 어떠한 방식으로 문제를 해결하는지를 살펴보기 위한 일련의 실험을 진행하였다. 그는 피험자들에게 지구가 아닌 다른 행성에 살고 있는 생명체를 상상해서 그려 보라는 문제를 주었다. 그는 실험에 따라 제약조건을 주었으며 이러한 제약조건이 사람들의 답에 어떠한 영향을 미치는가를 알아보는 것이 연구의 주요 목적이었다.

가장 흥미로운 결과는 지구가 아닌 다른 행성에 살고 있는 생명체에 '지능'이 있다는 제약조건을 주었을 때의 결과였다. 실험집단과 통제집단의 피험자들에게 제시된 지시문은 하나도 다르지 않았으며, 단지 실험집단에는 그 생명체들이 '지능'이 있는 존재라는 것만 추가로 알려 주었다. 지구가 아닌 다른 행성에 살고 있는 생명체를 그려 보라는 문제는 하나의 정답만을 요구하는 문제가 아니다. 이러한 문제에 대한 답은 무궁무진할 수 있기 때문에 우리는 이런 문제를 '열린 문제'라 부른다. 열린 문제 상황에서는 어떠한 반응도 답이 될 수 있기 때문에 이 문제를 해결하는 데 필요한 적절한 지식이란 존재하지 않는다. 그냥 상상력을 발휘해서 그리기만 하면 되는 것이다.

하지만 실험집단과 통제집단의 사람들이 그린 생명체는 '지능'이 있다는 말 한마디 때문에 완전히 다른 양상을 보였다. 생명체에 '지능'이 있다는 말을 들은 실험집단의 그림은 통제집단의 그림에 비해 보다 사람을 닮아 있었고 옷을 입고 있었으며 기타 인공물을 지니고 있는 경우가 훨씬 많았다. 실험집단이 그린 그림의 예와 통제집단이 그린 그림의 예를 살펴보면 두 집단의 반응이 어떻게 다른지를 분명하게 알 수 있을 것이다.

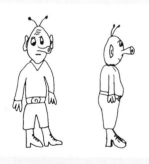

'지능'이 있는 존재라고 말해 준
실험집단 그림의 예

'지능'에 대해 말해 주지 않은
통제집단 그림의 예

출처: Finke, Ward, & Smith (1992), pp. 128-129.

외계에 존재하는 생명체를 그리라는 문제는 열린 문제이며, 이 문제의 답을 만드는 데 필요한 것은 특별한 지식이 아니라 상상력뿐이다. 상상력을 동원해 그저 그리면 되는 것이다. 문제의 조건에 '지능'이 언급되었다고 해서 그 생명체가 지구의 사람을 닮을 이유는 전혀 없다. 하지만 피험자들은 '지능'이 있다는 말 때문에 외계의 생명체가 지구의 사람이 갖는 특징을 어느 정도 소유했을 것이라 생각하는 것이다. 즉, '지능'이라는 말에 선택적으로 주의를 기울이고 너무나 자연스럽게 하향처리과정을 사용한 것이다. 이처럼 다양한 답이 가능한 조건에서도 우리는 자연스럽게 하향인지처리과정을 사용하며 이 때문에 생각만큼 다양한 반응은 만들어지지 않는다.

와드(1991)의 다른 실험 역시 상상력이 필요한 과제의 해결에 하향처리과정이 사용된다는 사실을 다시 한 번 보여 준다. 와드는 두 집단의 사람들에게 지구가 아닌 외계의 행성에 존재하는 생명체를 그려 보라는 실험을 했다. 그런데 한 집단에게는 '날개'가 있는 생명체를 그리라고 지시했고, 다른 집단에게는 '털'이 있는 생명체를 그리라고 했다. 두 집단에게 제시한 외계 행성의 조건은 지구와는 완전히 다른 것이었기 때문에 우리가 평소 경험하는 '날개' 달린 조류나 '털'이 있는 포유류의 모습을 참조할 필요가 전혀 없었다.

하지만 사람들이 그린 '날개'가 달린 생명체와 '털'을 가진 생명체의 모습을 살펴보면, 단지 상상력만이 요구되는 과제에 있어서도 우리는 여전히 하향처리과정을 통해 인출되는 지식의 범위를 축소한다는 사실을 어렵지 않게 확인할 수 있다.

다음 그림에서 보는 바와 같이, '날개'가 달린 생명체에는 어김없이 '부리'가 나타났으며 '귀'는 없었다. 반면에 '털'이 있는 생명체의 경우에는 '부리'가 없는 대신 '귀'가 있는 경우가 많았다. 이러한 결과는 우리가 상상력을 발휘해야 하는 순간에도 우리의 지식과 경험이 사고를 제약하고 있다는 사실을 보여 주고 있다. 즉, 외계의 생명체가 '부리'와 '귀'를 동시에 갖지 못할 이유가 없지만, 우리는 지구의 새와 동물을 떠올리고 부리가 있으면 귀가 없고 귀를 가지면 부리를 갖지 않아야 한다고 생각하게 되는 것이다.

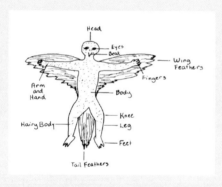

'날개'가 달린 생명체의 예

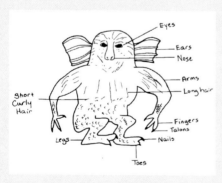

'털'이 있는 생명체의 예

출처: Finke, Ward, & Smith (1992), pp. 126-127.

4장에서 살펴본 바와 같이 하향처리과정은 이미 존재하는 하나의 정답을 찾아내야 하는 상황에서는 매우 효율적인 방법임에 틀림없다. 하나의 정답이 존재하는 경우 하향처리과정은 문제의 탐색 공간을 축소시켜 주며 우리가 인출해야 하는 지식의 범위를 좁혀주기 때문이다. 이는 하나의 답을 찾아가는 상황에서는 분명 유리하게 작용하지만, 다양한 답을 만드는 데에는 불리할 수밖에 없다. 인출할 지식의 범위가 축소되면 그만큼 다양한 생각이 만들어질 확률이 적어질 수밖에 없기 때문이다. 따라서 문제 상황이 달라지면 당연히 그 상황에 적합한 또 다른 인지과정을 사용하는 것이 합리적일 것이다.

　하지만 지금까지 살펴본 바와 같이, 상상력을 통해 여러 가지 다양한 답을 만드는 문제에서도 우리는 하향처리과정을 이용하여 문제를 해결하고자 한다. 우리는 하나의 답을 찾아내야 하는 상황에서도 그리고 다양한 답을 찾아내야 하는 상황에서도 하향처리과정을 선호하는 것이다.

새로움의 적: 고착

　　　　　창의적인 사고과정을 연구해 온 학자들은 다양한 답이 가능한 상황에서도 하향처리과정을 선호함으로써 기존의 지식을 떠올리게 되고 결국 이러한 지식 때문에 다양한 생각이 어려워지는 현상을 '고착fixation'이라고 불러 왔다

(Jansson & Smith, 1991; Smith, Ward, & Schumacher, 1993).

이러한 고착은 창의적인 사고과정에서만 발생하는 것은 아니다. 사실 고착은 기억을 연구하는 학자들에 의해 먼저 제안된 개념이다. 고착은 서로 다른 두 개의 단어를 함께 기억하는 기억 연구로부터 시작되었다. 만약 A-B 리스트(예를 들어, 의자-호수, 나무-황금)를 먼저 암기한 후에 A-C 리스트(예를 들어, 의자-머리, 나무-공책)를 암기하게 되면, A라는 자극이 주어졌을 때 B가 떠오르기가 쉽지 않은데, 이는 나중에 암기한 C가 B의 인출을 방해하기 때문이다. 만약 우리가 인출해야 할 정답이 B라면, C는 인출을 방해하는 방해자의 기능을 하게 되는 것이다.

이러한 고착 현상은 단순히 기억(Roediger, 1991; Smith, 1994; Smith & Tindell, 1997; Smith & Vela, 1991)의 문제뿐만 아니라 문제해결 과정(Smith & Blankenship, 1989)에서도 발생하며, 창의적인 사고를 해야 하는 상황(Jansson & Smith, 1991; Smith, Ward, & Schumacher, 1993)에서도 발생한다.

특히 창의적 문제해결 과정에 대한 연구들은 전형적 사고typical thinking와 암묵적 가정implicit assumption 그리고 최근 경험recent experience 등이 고착을 만드는 주요 원인이라고 제안한다(Smith, 2003). 전형적 사고란 우리가 학교에서든 가정에서든 지속적으로 학습하고 내재해 온 문제해결 방식을 말하며, 본질적으로는 일반적 사고와 같은 의미다. 암묵적 가정이란 문제에 제시되어 있는 정보와 상관없이 우리 스스로가 만드는 제약조건을 의미한다. 우리는 스스로가 이러한 가정을 하고 있다는 사실을 인식하지 못하는 경우가 많은데, 이로 인해 새로운 답이 있을 수도 있다는 생각조차 못하게 되는 것이다. 최근 경험은 어떠한 문제를 해결할 때 이전에 반복적으로 수행했던 경험을 떠올리는 것을 의미한다. 해결해야 할 문제가 최근의 경험과 유사하다고 판단하게 되면 최근에 문제를 해결했던 방식으로 문제의 해결을 시도하는데, 만약 그 방식으로 문제가 해결되지 않으면 대안적인 인지조작자를 찾는 것은 매우 어렵게 된다.

스미스, 와드와 슈마커(Smith, Ward, & Schumacher, 1991)의 연구는 새로운 무엇인가를 생각해 내는 과정에서 고착이 형성되면 어떠한 결과가 나오는지를 분명하게 보여 준다. 이들은 피험자를 두 집단으로 나눈 후 한 집단에게만 가상의 동물을 보여 주었는데, 이 동물들은 모두 형태는 달랐지만 네 개의 다리와 꼬리 그리고 안테나가 있다는 공통점을 갖고 있었다. 물론 다른 집단에게는 이러한 동물들을 보여 주지 않았다.

가상의 동물들을 보여 주고 난 후, 두 집단의 피험자들에게 20분 동안 가상의 동물을 가능한 한 많이 그려 보게 했다. 물론 가상의 동물들을 보여 준 집단에게 그들이 그려야 하는 동물이 그들이 보았던 동물들과 유사해야 한다는 말은 전혀 하지 않았다.

연구자들이 예측한 대로 이미 가상의 동물에 대한 샘플을 본 집단은 정확하게 고착에 걸린 그림을 그렸다. 그들이 그린 동물들은 다양한 모습을 하고 있었지만, 그 그림들은 모두 다리가 네 개였고 꼬리가 있었으며 안테나를 가지고 있었던 것이다. 하지만 가상의 동물들에 대한 샘플을 보지 않은 집단이 그린 동물들 중에 이 세 가지 속성을 모두 가진 동물은 없었다.

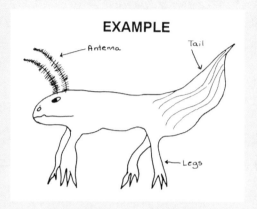

EXAMPLE

실험집단에게 보여 준 가상의 동물의 예

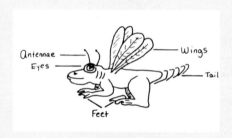

가상의 동물을 본 집단의 그림 예

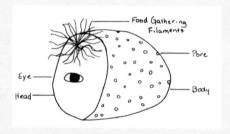

가상의 동물을 보지 않은 집단의 그림 예

출처: Finke, Ward, & Smith (1992), pp. 154-155.

과거의 경험이나 지식이 새로운 생각에 직접적으로 영향을 미친
다는 사실은 장난감을 만들게 하는 실험에서도 어김없이 나타났
다. 연구자들은 앞에서 수행한 방법과 동일한 연구절차를 사용하여
피험자들에게 새로운 장난감을 만들도록 했다. 이때 한 집단에게는
다양한 종류의 장난감들을 보여 주었고 다른 집단에게는 보여 주
지 않았다. 제시된 장난감들의 형태가 달랐으나, 그 장난감들은 세
가지의 공통적인 속성을 가지고 있었다. 다음의 그림에서 보이는
바와 같이, 모든 장난감에는 전기장치가 있었고 이들은 공을 사용
하여 신체적인 활동을 하는 기구들이었다.

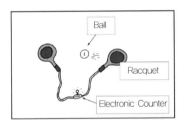

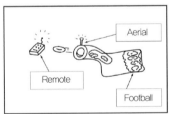

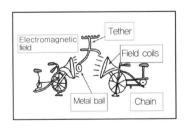

실험집단에게 제시된 장난감의 예
출처: Smith (2003), p.25

이러한 장난감들을 본 피험자들은 그들에게 제시되었던 장난감에 공통적으로 내재되어 있던 세 가지 속성이 포함되어 있는 새로운 장난감을 생각해 냈다. 아래의 그림 중 첫 번째 그림은 이들이 생각한 새로운 장난감의 예다.

반면 이러한 장난감을 보지 못한 피험자들의 그림에는 세 가지 속성이 전혀 반영되어 있지 않았다.

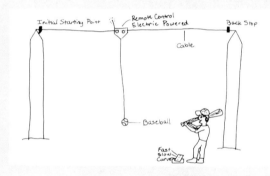

장난감을 본 집단의 그림 예

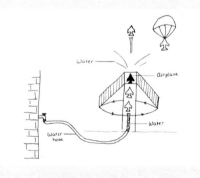

장난감을 보지 않은 집단의 그림 예

출처: Finke, Ward, & Smith (1992), pp. 155-156.

이처럼 새로운 생각을 할 때에도 하향처리과정으로 문제를 해결하게 되고 그 결과 고착에 걸리게 된다는 사실을 이해한다면, 새로운 생각을 하는 것이 힘든 이유가 무엇 때문인지를 어렵지 않게 이해할 수 있을 것이다. 이제 이러한 고착이 창의적인 문제해결을 하는 과정에서 어떠한 영향을 미치는지에 대해 구체적으로 살펴보도록 하자.

당신의 고착을 알려 드립니다!

우리는 종종 창의적인 사고를 요구하는 문제라고 얘기되는 퍼즐을 접할 기회가 있다. 이런 문제들은 일반적인 접근으로는 잘 풀리지 않으며 답을 보고 난 후에야 "아! 그렇구나!" 하고 무릎을 치는 경우가 대부분이다. 하지만 어째서 이러한 문제를 처음 보았을 때 그 답이 생각나지 않는가에 대한 설명은 제시되어 있지 않다. 이제 다음의 문제를 풀어 보면서 우리가 다른 방향으로 접근하는 것이 어려운 이유를 살펴보기로 하자.

다음에 제시되어 있는 성냥개비 문제 두 개를 풀어 보자. 문제는 '아래의 식이 바르게 성립되기 위해서 움직여야 하는 성냥개비의 최소 개수는 몇 개인가?'다.

로마자로 제시된 이 문제를 아라비아 숫자로 표현하면 첫 번째 문제는 '4-2=5'이며 두 번째 문제는 '11+1=10'이다.

아마 ①번 문제는 쉽게 해결할 수 있을 것이다. 답은 '1개'다. 방정식 왼쪽의 두 번째 로마자 II의 성냥개비 하나를 −에 겹쳐서 +로 바꾸면 방정식은 아래의 그림과 같이 '4+1=5'가 되어 올바른 식이 된다.

물론, 식을 바르게 만드는 경우는 이것 말고도 많다. 예를 들어, 오른쪽의 V를 II 로 만들면 '4-2=2'가 되어 이 또한 바른 방정식이 되지만, 이 경우에는 성냥개비 2개를 움직여야 하기 때문에 최소는 아닌 것이다.

그렇다면 ②번 방정식은 어떤가? ①번 문제는 그다지 어렵지 않지만, ②번 문제는 조금 어렵다. 이 문제의 답은 '0개'이다. 즉, 성냥개비를 움직일 필요가 없다는 의미다. 성냥개비를 움직이는 대신 보는 방향을 바꾸면, 다시 말해 우리가 이 식을 반대편에서 본다면 '11+1=10'이라는 원래의 방정식은 아래의 그림과 같이 '10=1+9'가 된다.

보통은 이런 문제를 제시하면서, 문제를 풀기 위해서는 "다르게 생각하라!"고 말한다. 다르게 생각하면 보다 근사한 답을 찾아낼 수 있다는 말이다. 하지만 단순히 다르게 생각하라는 말만으로는 창의적인 사고를 어떻게 해야 하는가에 대한 단서를 찾을 수는 없다. 창의적인 사고를 위해 중요한 것은 어째서 이런 생각이 어려운지에 대해 아는 것이다. 이 문제에서 성냥개비를 움직이지 않고 내가 움직여야 한다고 생각하기 어려운 이유는 세 가지 사실 때문이다.

우선, 문제에 '움직여야 하는 성냥개비'라는 말이 제시되어 있다는 점이다. 문제에서 '움직여야 하는 성냥개비'라는 말을 보는 순간 우리는 성냥개비를 움직여야 한다는 생각을 제일 먼저 하게 되며, 이후의 모든 생각은 성냥개비를 움직이는 것을 전제로 만들어진다. 즉, '암묵적 가정'이라는 고착이 발생하는 것이다.

다음으로, ②번 문제를 풀기 바로 전에 ①번 문제에서 이미 성냥개비를 움직이는 방법으로 답을 찾았던 경험이 있다는 사실이다. ①번 문제에서는 성냥개비를 옮기는 방법으로 그다지 어렵지 않게 답을 얻을 수 있었다. 따라서 ②번 문제 역시 동일한 방식으로 해결될 수 있다는 생각을 갖게 된다. 다시 말하면 '최근 경험'이라는 고착이 발생한 것이다.

마지막으로, 이 문제에 성냥개비 1개를 움직여서 올바른 방정식으로 만들 수 있는 답이 있다는 사실이다. 방정식의 왼쪽에 있는 11의 성냥개비 하나를 옮기면 다음과 같이 '9+1=10'이라는 답을 찾을 수 있다.

　이 답을 찾는 순간 우리들 대부분은 문제를 풀었다고 생각하고 문제해결을 끝낸다. 더 이상의 답은 없다고 생각하는 것이다. 1개 는 당연히 최소의 수인 것이다. 물론 1개보다 작은 답으로 '0개'라 는 답도 있을 수 있겠지만, '0개'를 움직인다는 말은 결국 '움직이지 않는다'는 의미이기 때문에 이는 성냥개비를 '움직이라'는 문제의 조건에 적합하지 않다고 생각하게 된다. 게다가 자신이 찾은 답이 '3개' 혹은 '4개'였다면 혹시 더 적은 개수의 답이 있지 않을까를 생 각해 볼 수 있겠지만, 1개라는 답은 문제해결을 끝내기에 충분히 만족스러운 답이라고 생각하게 되는 것이다. 따라서 이 문제의 답 이 '0개'라는 것은 다분히 억지스러운 면이 있다. 물론 '0개를 움직 인다'는 말이 수학적으로 문제가 없다고 말할 수도 있겠지만, 이는 우리들의 일상용어로는 적절한 표현은 아니다.

　대개 퍼즐이라는 이름으로 제시되는 이런 문제들을 풀 때 우리 들 대부분은 문제에서 제시하는 정답을 찾지 못한다. 그럼에도 별 로 실망할 필요는 없다! 우리가 문제를 풀지 못하는 이유는 우리가 창의적이지 않아서가 아니라, 문제 자체에 트릭trick이 있기 때문이 다. 그리고 우리가 그러한 트릭에 넘어가는 이유는 우리들의 과거 경험과 지식의 영향 때문이며, 이는 너무나 자연스러운 현상이다.

이런 문제를 풀 때 중요한 것은, 정답을 알아내는 것보다는 문제에서 제안하는 정답을 찾지 못하는 이유를 분석하고 이해하는 것이다.

이처럼 간단해 보이는 문제 하나를 해결하는 데에도 우리의 사고는 끊임없이 고착에 영향을 받는다. 이제 하나의 문제를 더 생각해 보기로 하자. 다음과 같이 3개의 고리로 이루어진 사슬이 4개가 있다.

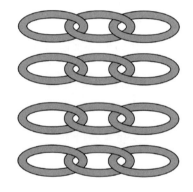

고리를 하나 푸는 데는 2원이 들고, 고리를 채우는 데에는 3원이 든다고 하자. 4개의 사슬로 다음과 같은 목걸이를 만들 때 드는 최소 비용은 얼마인가?

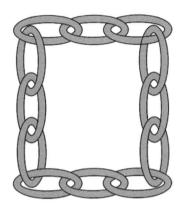

 답은 얼마일까? 대부분의 사람들은 20원이라고 답을 한다. 하지만 정답은 15원이다. 이 문제는 '몇 개의 고리를 풀었다가 다시 채워야 하는가?'라는 말로 다시 표현될 수 있다. 4개의 고리를 풀었다가 다시 채워야 한다고 생각하면 답은 20원이고, 3개의 고리만 풀었다가 다시 채워도 된다고 생각하면 15원이 된다.

 정답은 물론 3개의 고리만 풀었다가 다시 채우면 된다. 처음에 제시된 4개의 사슬 중에서 하나의 사슬을 선택해 이 사슬을 모두 풀고 이를 이용해 모든 사슬을 하나로 묶으면 문제에서 요구하는 네모 모양의 목걸이를 만들 수 있다.

 우리가 이 문제에서 3개가 아닌 4개의 고리를 풀었다가 다시 채워야 한다고 생각하는 이유는 문제가 사각형의 형태로 주어졌기 때문이다. 따라서 즉각적으로 처음 4개의 고리를 두 번째 그림과 같은 사각형 모양으로 만들어 놓은 후 몇 개의 고리를 풀었다 채워야 하는지를 생각하게 된다. 일단 4개의 고리가 사각형 모양으로 형태를 잡으면 풀었다가 채워야 하는 고리는 4개가 될 수밖에 없다. 하지만 문제에서 제시된 목걸이는 단지 네모 모양으로 제시되었을 뿐, 원 모양과 전혀 다르지 않다.

우리는 무언가를 판단하고 결정할 때, 주로 직관적인 경험에 의존한다. 이 문제를 해결하는 과정 역시 크게 다르지 않다. 만약 문제를 네모의 형태로 주지만 않았어도 고리를 3개만 풀고 다시 채워도 된다는 사실을 조금 더 쉽게 알아챌 수 있었을지도 모른다. 하지만 문제에서 네모 형태를 보는 순간 이것이 원의 형태가 될 수도 있다는 것을 깨닫는 것은 매우 힘든 일이다. 한번 떠오른 생각을 버리고 새로운 생각을 한다는 것은 생각보다 쉽지 않은 일인 것이다.

이러한 고착의 공통적인 원인은 우리의 과거 경험과 지식이다. 그리고 경험과 지식을 사용하고자 하는 것은 효율적으로 문제를 해결하고자 하는 진화의 결과이며, 따라서 우리가 고착에 걸리는 것은 지극히 당연한 것임을 알아야 한다. 다양한 생각을 요구하는 문제 상황에서도 다양한 생각을 하지 않는 것은 우리의 본성인 것이다.

그럼에도 불구하고 그저 다양하게 생각하라고만 하는 것은 아무 의미 없는 공허한 메아리에 지나지 않는다. 우리가 지닌 사고의 특징이 무엇인지를 정확하게 이해하고, 이를 조금씩 개선해 나가려는 노력을 기울일 때에만 새로운 생각이 만들어질 확률을 높일 수 있다. 무작정 다르게 보는 것이 중요한 게 아니라, 우리가 보는 것만이 정답인지를 한 번쯤 되새겨 보는 습관이 필요한 것이다.

지금까지 살펴본 바와 같이, 창의적으로 문제를 해결하기 위해서는 지식과 경험이 전제가 되어야 한다. 하지만 이러한 지식과 경험은 필연적으로 고착을 가져올 수밖에 없다. 그렇다면 고착에 빠졌을 때 고착을 벗어나서 새로움을 볼 수 있는 방법은 없는 것일까?

1장에서 설명했듯이 창의에서의 새로움에는 '새로운 새로움'과 '새롭지 않은 새로움'의 두 가지가 있다. 이제, 창의적인 사람들은 그들이 가진 전문성과 그로 인한 고착이라는 상황 속에서 어떻게 이러한 새로움을 만들어 내는지에 대해서, 그리고 이러한 새로움을 만들기 위해 우리들은 무엇을 해야 하는지에 대해 알아보기로 하자.

Part 3

창의를 만드는 비법

창의를
만드는
비법

■

6.

새로운 새로움을 만나는 방법:
평범한 과정이 만드는 비범한 결과

창의를 만드는 재료가 타고난 천재성이 아니라 10년 이상의 노력으로 만들어진 전문성이라는 사실을 믿는다면, 그리고 무언가를 상상할 때 우리의 인지가 어떻게 작동하는지를 이해했다면, 이제 우리는 창의를 만드는 비밀의 방으로 들어갈 준비가 된 것이다. 물론, 아직 준비가 되지 않았다고 느끼는 독자도 있을 것이다. 지금까지 살펴본 창의의 재료와 인간의 사고과정 때문에 이 책을 읽기 전보다 더 혼란스럽다고 말하는 사람도 있을 수 있다. 전문성이 창의의 재료라면 모든 전문가는 다 창의적이어야 하지 않는가? 하지만 오히려 전문가는 새로운 생각보다는 전형적인 생각만을 하는 경향이 있지 않은가? 게다가 새로운 생각을 만드는 데 전문성이 오히려 방해가 된다고 하지 않았나?

3부에서는 이러한 질문들에 대한 해답의 단서를 찾을 수 있는 비밀의 방으로 들어갈 것이다. 처음 가 보는 곳이라 어쩌면 길을 잃을 수도 있다. 낯선 곳에서 길을 잃지 않기 위해 한 가지만 기억하기로 하자. 그것은 바로 이 책에서 구분하고자 하는 새로움의 종류이다. 새로움에는 '새로운 새로움'과 '새롭지 않은 새로움'이라는 두 가지가 있다는 것!

가끔씩 이해가 힘들거나 혼란스러울 때면 이 두 개의 새로움을 떠올리자. 그리고 창의적이라고 생각되는 아이디어를 만나게 되면, 그것이 '새로운 새로움'의 창의인지 아니면 '새롭지 않은 새로움'의 창의인지를 판단해 보자. 그렇게 한 발 한 발 가다 보면 단언컨대 이 책의 마지막 쪽을 넘길 때쯤이면 창의를 만드는 비밀을 눈치챌 수 있을 것이다.

지금부터 우리는 두 가지 새로움 중에 우선 '새로운 새로움'이 만들어지는 과정을 살펴볼 것이다. 이를 위해 일단, '새로운 새로움'의 의미를 다시 한번 생각해 보자. 1장에서 우리는 '얼음이 녹으면?'이라는 질문에 대한 답 중에서, '봄이 온다'는 대답은 '새롭지 않은 새로움'으로, '수소결합이 감소한다'는 대답은 '새로운 새로움'으로 구분했었다. 그리고 DNA의 이중나선구조 모형과 피카소의 걸작 〈게르니카〉를 통해 '새로운 새로움'의 특징이 무엇인지를 이해했었다.

이제 1장에서 살펴 본 '새로운 새로움'의 예인 DNA의 이중나선구조 모형이 밝혀지는 과정과 〈게르니카〉라는 걸작이 완성되는 과정을 살펴보면서, '새로운 새로움'이 어떻게 만들어지는지를 알아보기로 하자. '새로운 새로움'으로 분류되는 창의는 과연 어떻게 만들어지는 것일까? 왓슨과 크릭 그리고 피카소에게는 우리가 알지 못하는 그들만의 비법이 있었던 것일까?

지식과 열정이 만든 쾌거, DNA!

　　　　　　　　　　　　20세기 생물학에서 가장 중
요한 업적 중의 하나라고 인정받는 DNA의 이중나선구조는 어떻
게 발견되었던 것일까? DNA의 구조가 이중나선임을 처음 발표한
왓슨과 크릭의 천재성 때문이었을까? 아니라면 DNA의 구조를 발
견할 수 있도록 만들어 준 아주 운 좋은 사건이 이들에게 일어났던
것일까? 지금부터 왓슨과 크릭이 DNA의 구조를 알아냈던 과정을
따라가 보자. 과연 그들은 어떻게 DNA의 구조가 이중나선임을 알
아냈던 것일까? 그들은 과연 어떠한 능력을 가지고 있었으며, 어떠
한 사건을 만났던 것일까?

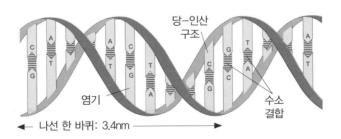

그들이 DNA의 구조를 밝히는 데 가장 중요한 첫 번째 사건은 1951년 봄 나폴리에서 열린 학술대회에서 발표되었던 윌킨스의 DNA의 X선 회절 사진이었다. 학회에서 윌킨스는 DNA를 X선으로 찍은 사진을 발표했고 이는 DNA 구조를 해명하는 데 있어 가장 중요한 사건 중 하나였다. DNA를 X선으로 찍었을 때 회절현상이 발견된다는 것은 DNA가 결국 규칙적으로 응집한 결정이라는 의미였다. 결정과 같이 주기적인 구조를 가진 물질에 일정한 파장의 빛을 다양한 각도에서 비추면, 어느 각도에서는 강한 빛의 반사가 일어나지만 다른 각도에서는 반사가 거의 일어나지 않는다. 이를 빛의 회절과 반사에 관한 물리 법칙인 브래그의 법칙Bragg's Law이라 하는데, DNA에 X선을 비추어 나타난 모양은 브래그의 법칙을 따르고 있었던 것이었다.

⠿ X선 회절현상

물질은 원자가 규칙적으로 배열된 집합체다. 물질에 X선을 입사하면, 원자의 종류와 배열 상태에 따라 각각의 원자로부터의 산란파가 서로 간섭 현상을 일으켜, 특정한 방향으로만 X선 회절파가 진행되는데, 이를 X선 회절 현상(X-ray diffraction)이라고 한다. 따라서 X선 회절을 조사하면, 물질의 미세한 구조, 즉 결정체의 구조를 알 수 있다. 동일한 탄소원자로 이루어진 다이아몬드와 흑연이 전혀 다른 성질을 갖는다는 사실은 X선을 통한 원자배열의 차이를 연구함으로써 알 수 있다. 브래그 부자(아버지인 William Henry Bragg와 아들 William Lawrence Bragg)는 X선 간섭에 관한 브래그의 식을 만들어 1915년 노벨 물리학상을 받았다.

윌킨스가 발표한 다음의 사진은 실제 DNA의 모습이 아니라 X 선이 원자에 부딪혀 회절되어 반사된 모습이다. 따라서 이 사진을 통해 DNA의 구조가 규칙적인 원자정렬을 갖는다는 것을 알기 위해서는 분자의 가장자리나 좁은 틈새를 지나는 X선 파동이 휘어지면서 만들어 내는 X선의 의미를 해석할 수 있는 전문성이 있어야만 했다. 그러한 전문성이 있었던 왓슨과 크릭은 윌킨스가 학회에서 발표한 이 사진을 보고 DNA가 규칙적인 구조로 이루어진 결정체라고 확신한다. 이처럼 DNA가 규칙적인 구조로 이루어진다는 그러한 증거는 이들에게 향후 연구의 방향을 제시하는 길잡이가 되었다.

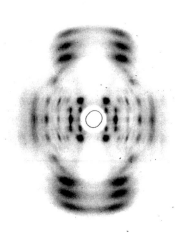

DNA의 회절패턴 X선 사진
출처: http://dnaandsocialresponsibility.blogspot.kr/2011/03/short-and-simple-ish-guide-to-x-ray.html

하지만 이들이 윌킨스의 X선 사진을 처음 보았을 때 알 수 있었던 것은 단지 DNA의 구조가 규칙적이라는 것뿐이었다. 즉, X선 사진을 보자마자 '아하!' 하면서 DNA의 구조가 이중나선임을 알아본 것이 아니라는 것이다. DNA 결정을 X선에 노출시켜 만들어진 회절 무늬는 전혀 나선처럼 보이지 않는다. 이 패턴이 나선에서 비롯된다는 가시적인 증거는 전혀 없었던 것이다.

이 사진의 회절패턴에 내재되어 있는 규칙적인 구조가 무엇인지를 정확하게 알아내기 위해서는 X선 결정학에 대한 보다 수준 높은 전문성이 필요했다. 즉, 어떠한 분자에 내재되어 있는 형태와 구조에 따라 X선 광선이 어떻게 갈라지는지에 대해 적절한 가정을 만들 수 있는 전문성이 필요했던 것이다.

따라서 왓슨은 X선 결정학에 대해 보다 수준 높은 전문성을 쌓기 위해, DNA의 X선 분석을 실행할 수 있는 케임브리지 대학의 캐번디시 연구소에서 1951년 가을부터 연구를 시작한다. 왓슨이 케임브리지의 캐번디시 연구소에 도착할 무렵, 크릭은 윌리엄 코크런William Cochran과 함께 X선 회절패턴 해석에 관한 이론적 연구를 수행하고 있었는데, 이는 왓슨과 크릭 그리고 다른 사람들이 X선 데이터를 해석하고 이해할 수 있도록 하는 데 결정적인 도움을 주는 중요한 연구였다(Judson, 1979; Olby, 1994; Watson, 1968).

그렇다면 X선 결정학에 전문성을 갖는 순간 곧바로 DNA의 구조가 이중나선임을 알 수 있었을까? 그렇지 않았다. DNA가 이중나선이라는 가설은 사진을 보는 순간 '아하!' 하면서 즉각적으로 떠오른 것이 아니라, 점진적이고 누적적인 연구과정을 통해 제안되었던 것이다. 일단 윌킨스의 X선 사진으로부터 알 수 있었던 것은 분자의 구조 안에 기본 패턴이 존재한다는 정도일 뿐이었다. 즉, 모종의 반복이 일어난다는 사실이 전부였던 것이다. 그 패턴이 나선일 수도 있다는 제안을 처음 한 학자는 왓슨과 크릭이 아닌 노벨상을 공동 수상한 윌킨스였다.

왓슨이 캐번디시 연구소에 도착하기 전인 1951년 여름, 윌킨스는 케임브리지에서 강연을 하면서 DNA가 나선일 가능성을 제안했는데, 처음에 그 나선은 한 가닥일 것이라고 가정되었다 (Judson, 1979; Olby, 1994). 이는 X선 사진으로부터 추론된 밀도의 측정치와 그 밖의 다양한 관련 데이터로부터 유추된 결과였으며, 1951년 가을이 되었을 때 왓슨과 크릭 그리고 윌킨스는 DNA가 나선이라는 가설에 모두 동의하게 되었다.

이제 DNA가 나선구조를 갖는다는 것은 거의 확실해졌다. 하지만 여전히 나선의 구조가 이중이라는 사실은 알지 못했었다. 그렇다면 왓슨과 크릭은 어떻게 DNA의 구조가 이중나선임을 발견했던 것일까? 그들은 이를 판단할 수 있는 그들만의 특별한 재능이 있었거나 특이한 영감을 얻었던 것일까?

이에 대한 해답은 왓슨과 크릭이 처음 제안했던 DNA의 구조 모형이 삼중나선이었다는 것에서 찾을 수 있다. 윌킨스나 로잘린드 프랭클린Rosalind Franklin과 같은 동시대에 DNA 연구를 수행하던 다른 연구자들과의 논의를 바탕으로 왓슨과 크릭이 1951년 11월에 처음으로 세웠던 DNA의 구조모형은 염기들이 바깥에 붙어 있는 세 가닥짜리 DNA 모형, 즉 삼중나선구조였다. 그들이 해야 했던 두 가지 핵심적인 결정인 지주의 수와 염기의 위치에 관해 그들은 틀린 모형을 만들었던 것이었다.

비록 그 모형은 틀린 것이었지만, 이러한 선택은 그 시점에서는 매우 합리적인 것(Judson, 1979; Olby, 1994; Watson, 1968)이었음을 이해하는 것이 '새로운 새로움'을 만드는 과정을 이해하는 데 매우 중요하다. 이들이 옳지 않은 삼중나선 모델을 만들 때와 옳은 것으로 판명된 이중나선 모델을 만드는 과정이 동일했다는 점이 바로 해답의 열쇠가 된다.

DNA의 지주가 세 가닥이라는 생각을 하게 된 주된 이유는 DNA의 밀도 때문이었다. X선 사진으로부터 그들은 분자의 전체적인 표면적을 결정할 수 있었으며, 무게 역시 측정할 수 있었다. 이를 기초로 그들은 DNA의 무게를 표면적으로부터 계산된 부피로 나누어 DNA의 밀도를 구했으며, 이를 통해 그 구조가 포함해야 하는 지주의 가닥 수에 관한 결론들을 끌어낼 수 있었다.

이처럼 논리적으로 바른 과정을 거쳐 계산을 했지만, 그들이 삼중나선이라고 생각했던 이유는 그들의 밀도 계산이 틀렸기 때문이었다. 이로 인해 지주의 가닥 수를 잘못 생각하게 되었지만, 왓슨과 크릭이 삼중나선이라는 모형을 세우는 과정은 이중나선 모형을 도출할 때와 조금도 다르지 않았다. 삼중나선은 왓슨과 크릭이 당시에 얻을 수 있던 정보를 사용해 만들 수 있었던 최선의 모델이었다. 왓슨과 크릭이 삼중나선을 생각했을 무렵, 킹스의 물리학과 학생이던 브루스 프레이저Bruce Fraser가 왓슨과 크릭의 모형과 유사한 삼중나선 지주가 안쪽에 들어간 DNA 모형을 세웠었다(Judson, 1979;

Olby, 1994)는 사실은 동일한 정보를 소유한 그 분야의 전문가라면 누구든지 동일한 결론에 이를 수 있다는 사실을 보여 주는 사례라 할 것이다.

왓슨과 크릭이 이중나선을 알아내는 과정은 관련 정보를 통해 가설을 세우고, 보다 새로운 정보가 수집되었을 때 기존의 가설을 검토하고 수정하여 진행하는 점진적이고 누적적인 과정이었다. 예를 들면, 프랭클린이 촬영한 DNA의 B형태라 불리는 X선 사진은 이들이 모델을 수정하는 데 결정적인 역할을 했던 새로운 정보였다. 프랭클린은 1952년 5월경, DNA를 습기에 노출시킨 후 X선 사진을 찍는 데 성공했다. 이는 윌킨스가 이전에 실행해 보려고 했던 과제였지만, 그 일에 성공한 사람은 X선 회절 기법에 더 깊은 경험을 가지고 있던 프랭클린이었다.

실제로 그녀는 정확한 DNA 구조를 알아내지는 못했지만 X선 촬영을 통해 아주 중요한 사실을 알아냈다. 그녀는 DNA 섬유가 두 가지 형태의 X선 회절패턴을 보일 수 있다는 사실을 발견했다. 조금 더 젖은 DNA 섬유 사진에서는 건조한 DNA 사진에서보다 좀 더 많은 회절 패턴이 보였던 것이다. DNA의 젖은 형태 혹은 B형태로 불리는 그 사진에 내재된 정보가 왓슨과 크릭이 세 가닥 모형에서 두 가닥 모형으로 자신들의 모형을 수정하는 데 결정적 기여를 했다.

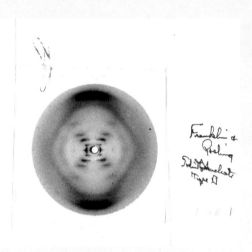

프랭클린이 발견한 DNA X선 회절패턴 사진
출처: http://mirror.enha.kr/wiki/DNA

　DNA를 습기에 노출시켜 촬영한 이 사진에 나타난 패턴은 DNA
가 나선구조라는 것을 확실하게 보여 주었다. 하지만 이 사진이 보
다 중요한 이유는 DNA 섬유를 습기에 노출시키면, 즉 A형이 B형
으로 가면 그 길이가 20% 증가한다는 사실에 있었다. 왓슨과 크릭
은 DNA 분자가 흡수할 수 있는 물의 양을 근거로 지주 구조를 가
정했는데, 사실 이들은 물의 양에 대한 정확한 정보를 확보하지 못
한 채로 지주가 세 가닥이라고 가정했었다. 하지만 프랭클린의 B
형 사진을 통해 그들은 자신들의 계산이 틀렸음을 알 수 있었고,
이러한 새로운 정보 덕분에 그들은 DNA 분자에 지주가 세 가닥이
아닌 두 가닥이 들어 있다는 결론을 끌어낼 수 있었다.

프랭클린의 B형 사진과 더불어 왓슨과 크릭이 모델을 찾는 데 결정적 공헌을 했던 또 하나의 정보는 킹스 연구원들의 연구 보고서였다. 캐번디시 연구소의 원로 연구원인 막스 페루츠Max Perutz는 왓슨과 크릭에게 킹스의 연구원들이 외부 위원회를 위해 준비했던 보고서를 전해 주게 된다.

이 보고서에서 왓슨과 크릭은 지주의 사슬들이 반 평행, 즉 반대 방향으로 달린다는 것을 추론할 수 있었을 뿐만 아니라 나선의 경사도 결정할 수 있었다. 이들이 그런 중요한 추론을 할 수 있었던 이유는, 크릭의 전문성 때문이었다. 크릭은 페루츠를 도와 헤모글로빈의 단위세포에 관한 연구를 수행한 적이 있었는데 그 연구로부터 습득한 지식으로 인해 보고서의 결과를 어렵지 않게 해석할 수 있었다. 즉, 보고서에는 프랭클린이 주장하는 DNA 단위세포의 형태가 포함되어 있었고, 그 구조는 크릭이 연구했던 헤모글로빈의 단위세포와 같은 구조였던 것이다(Judson, 1979). 따라서 크릭은 그 구조가 말하는 바를 곧바로 알아볼 수 있었으며, 그것이 왓슨과 크릭에게 필요했던 거의 마지막 정보였다.

지금까지 살펴본 바와 같이, 왓슨과 크릭이 대단한 천재여서 어느 날 불현듯 DNA 구조에 대한 아이디어가 떠오른 것이 아니었다. 이들도 처음에는 DNA 모형에 대한 뚜렷한 방향을 잡지 못했으며 심지어는 삼중나선 모형이라는 틀린 모형을 만들기도 했었다. 왓슨과 크릭이 DNA의 구조를 알아냈던 과정은 다양하고 방대한 관련 자료를 수집하고 이를 분석하여 그 결과로부터 미지의 구조를 추론하는, 우리가 일반적으로 문제를 해결하는 것과 동일한 과정이었다. 따라서 DNA 구조를 밝히기 위해 이들에게 필요했던 것은 관련 자료를 정확하게 이해하고 바르게 해석할 수 있는 그 분야에서의 전문성과 이로부터 가설을 끌어낼 수 있는 연구방법에 대한 훈련뿐이었다.

왓슨과 크릭의 DNA 모형은 20세기 과학의 위대한 발견들 중 하나이며 우리 삶의 많은 면에 지대한 영향을 미친 것은 틀림없는 사실이다. 그러나 인지과정이라는 측면에서 본다면, 그것이 나오기까지 특별하고 신비로운 것은 어떠한 것도 개입되지 않았다(Weisberg, 2006). 왓슨과 크릭은 기존의 지식을 종합하여 이를 기초로 가능한 DNA 모형을 세웠다. 그리고 그들은 자신들의 첫 번째 모형이 틀렸다는 것을 알게 되었을 때, 처음으로 돌아가 1년 이상 새로운 정보와 전문성을 획득했고, 이로 인해 궁극적으로 옳은 구조를 만들어 낼 수 있었던 것이다.

이처럼 '새로운 새로움'을 만드는 과정은 결코 천재가 무에서 유를 창조하는 과정이 아니다. '새로운 새로움'을 만드는 과정은 굳이 창의라는 개념을 차용하지 않아도 충분히 이해될 수 있는 보편적 과정임에 틀림없다. 왓슨과 크릭이 특별한 존재여서 그들만이 DNA의 구조를 규명할 수 있었던 것은 절대 아니었다. 자신의 분야에서 10년 이상 꾸준히 노력하여 그 분야의 전문성을 갖춘다면, '새로운 새로움'의 창의는 누구에게나 열려 있다 할 것이다.

〈게르니카〉에 담아낸 피카소의 지식과 경험들

지금까지 우리는 DNA의 이중나선구조가 밝혀지는 과정을 통해 '새로운 새로움'이 특별한 사고과정이 아닌 일반적이고 평범한 사고과정을 통해 만들어진다는 것을 설명했다. '새로운 새로움'은 특별한 재능이 만들어 내는 갑작스러운 통찰의 결과가 아니라는 것이었다. 그럼에도 아직 이러한 주장에 동의하지 못하는 사람이 있다면 아마도 그것은 앞에서의 설명이 과학 분야의 내용이기 때문일 수도 있다.

사실, 창의가 신비스럽다는 믿음은 과학이 아닌 예술 분야에서 주로 만들어지고 전파되는 경향이 있다. 과학에서의 창의는 이를 판단할 수 있는 객관적 기준이 있지만 예술 분야는 그 기준이 매우 주관적일 수 있으며 또한 이성보다는 감성에 호소하는 면이 있다는 점이, 예술에서 창의를 만드는 과정을 분석할 수 없다고 생각하게 만들었을 수도 있다.

과연 창의적인 예술 작품은 만들어지는 과정을 알 수 없는, 단지 작가의 타고난 재능이 만들어 내는 신비한 것일까? 지금부터 피카소의 〈게르니카〉를 통해 창의적인 예술 작품이 만들어지는 과정을 따라가 보기로 하자.

1장에서 설명한 바와 같이, 〈게르니카〉는 스페인 북부 바스크 지방의 게르니카라는 작은 마을이 폭격을 당한 사건을 모티브로 1937년에 완성된 피카소의 작품이다. 나치가 게르니카에 퍼붓는

〈게르니카〉(피카소, 1937년)
©2014-Succession Pablo Picasso-Sack (Korea)

폭격 장면을 묘사한 이 그림에는 황소라든가, 울부짖는 여인, 그리고 육체에서 떨어져 나온 공포 서린 눈과 울부짖는 여인을 짓밟고 있는 말 등 다양한 캐릭터들이 무채색의 공간에 다양한 상징을 품은 채로 자리한다.

〈게르니카〉라는 이 작품은 어떠한 과정을 거쳐 만들어진 것일까? 과연 〈게르니카〉는 우리가 알지 못하는 특별한 사고과정을 거쳐 탄생한 것인가? 우선, 〈게르니카〉의 작업 기간 동안 피카소가 그렸던 예비 스케치들을 살펴보기로 하자. 피카소는 〈게르니카〉를 완성하기까지 총 45장의 예비 스케치를 그렸는데 이들 스케치의 변화과정은 〈게르니카〉가 만들어지는 과정이 어떠한지를 알아낼 수 있는 중요한 단서를 제공한다.

피카소는 〈게르니카〉를 시작하고 약 한 달 동안(5월 1일부터 6월 4일까지) 작품을 위한 예비 스케치에 집중했다. 첫 번째 예비 습작 기간인 처음 이틀 동안의 작업은 주로 전체적인 그림의 구성과 가장 핵심적인 캐릭터인 말에 집중되어 있었다. 이 작업이 끝난 후 두 번째 예비 습작 기간에는 전체적인 구성보다는 말을 포함한 주요 캐릭터의 습작에 초점이 맞추어진다. 두 번째 예비 습작 기간이 지나고 마지막 예비 습작 기간의 스케치들은 거의 주변적인 캐릭터에 초점이 맞추어져 있으며, 구성에 대한 습작은 전혀 보이지 않는다. 와이즈버그(Weisberg, 2006)가 분석한 〈게르니카〉의 예비 스케치에 대한 다음의 표는 이러한 추이를 분명하게 보여 준다.

〈세 개의 작업 기간으로 도표화한 모든 예비 작품〉

기간	전체적 구성	말	황소	어머니와 아이	여자	손	떨어지는 사람	남자	총합
1(5월 1~2일)	6	5	0	0	0	0	0	0	11
2(5월 8~13일)	2	4	2	5	1	1	0	0	15
3(5월 20일~6월 4일)	0	2	2	2	8	1	3	1	19

출처: Weisberg (2006), p. 41.

피카소는 일단 초기에 전체적인 구조를 설정하고 주요 캐릭터를 완성하는 작업에 많은 시간을 할애하였으며, 이후에는 이러한 뼈대 위에 다른 요소들을 투입하여 그림을 완성했던 것이다. 이러한 습작 내용의 변화는 피카소가 어느 순간 영감을 받아 순식간에 〈게르니카〉를 그린 것이 아니라, 논리적인 체계에 따라 단계적으로 작품을 구상하고 진행하여 그림을 완성했다는 사실을 보여 준다.

피카소가 아무런 체계 없이 영감에 따라 작품을 완성한 것이 아니라, 그의 머릿속에 최소한 전체적인 뼈대나 핵심을 가지고 있었다는 것은 전체적인 구조를 그렸던 구성에 관한 여덟 개의 예비 스케치를 살펴보면 더욱 분명해진다. 피카소는 여덟 개의 예비 스케치를 그리고 각각에 번호를 붙여 두었다. 이중 2b를 제외한 모든 구성 스케치는 〈게르니카〉의 최종 완성본과 동일한 구조를 보이고 있다. 이는 〈게르니카〉가 즉흥적으로 그려진 것이 아니라, 작품을 처음 구상할 때부터 전체적인 구조를 미리 생각하고 있었다는 것을 증명한다.

〈게르니카의 구성 습작들: 다양한 캐릭터들의 존재〉

스케치번호	날짜	최종구조	말	황소	불빛을 든 여자	어머니와 아이	어머니와 어른	달아나는 여자	떨어진 여자	떨어진 전사	날고 있는 동물	바퀴	올린 팔
1	5/1	맞음	×	×	×						×		
2a	5/1	맞음		×	×								
2b	5/1	아님	×	×							×		
3	5/1	맞음	×										
6	5/1	맞음	×	×	×					×	×		
10	5/2	맞음	×	×	×			×	×				
12	5/8	맞음	×	×		×				×			
15	5/9	맞음	×	×	×	×	×					×	×
비율			.88	.88	.75	.25	.13	0	.13	.38	.38	.13	.13

출처: Weisberg (2006), p. 43.

또한 이 표는 〈게르니카〉에 등장하는 캐릭터들 중 주요한 캐릭터들 역시 이미 처음부터 피카소에게 계획되어 있었으며, 이를 토대로 〈게르니카〉의 구조가 점진적으로 완성되었음을 말해 주고 있다. 여덟 개의 구성 습작들 중 맨 처음 것을 포함한 일곱 개에서, 불빛을 든 여자가 중심에서 말을 내려다보고 있으며, 말이나 황소 그리고 불빛을 든 여자와 같은 주요 캐릭터들은 거의 모든 구성 스케치에 나타나는 반면, 기타 주변 캐릭터들은 나중에서야 등장하는 것이다.

이처럼 피카소의 〈게르니카〉는 예술에서의 창의적 작품 역시 치밀한 구성을 통해 점진적으로 발전하는 과정을 통해 완성된다는 사실을 보여 준다. 다음에 제시된 여덟 장의 스케치를 살펴보자. 이 사진들은 피카소가 〈게르니카〉를 완성해 가는 과정을 그의 연인이었던 사진작가이자 화가인 도라 마르_{Dora Maar(1907~1997)}가 찍은 것인데, 이들을 살펴보면 〈게르니카〉가 완성되는 과정을 확인할 수 있을 것이다.

이처럼 예술에서의 창의가 즉흥적으로 완성되는 것이 아니라 점진적으로 발전해 가면서 완성되는 것이라면, 그러한 과정 속에서 지식이나 경험은 어떤 역할을 하는 것일까? 앞서 DNA의 이중나선 구조가 밝혀지는 과정에서 살펴보았듯이, 과학에서의 '새로운 새로움'이 만들어지는 데에는 연구자들이 소유한 관련 지식과 전문성이 필수적인 요소였다. 다시 말하면, 그 산물이 과거에는 없었던 새로운 것이라 하더라도, 그 새로움은 과거와의 연속선상에 존재하는 것이었다. 왓슨과 크릭이 유전에 관한 생물학적 지식과 회절기법에

Register number: DE01331-001

Register number: DE01331-002

Register number: DE01331-004

Register number: DE01331-005

Register number: DE01331-007

Register number: DE01331-008

Register number: DE01331-010

Register number: DE01331-011

〈게르니카의 완성과정에 대한 사진〉(도라 마르, 1937년)

대한 지식이 없었다면 DNA의 구조는 이들로부터 발견되지 못했을 것이다.

그렇다면 예술의 경우는 어떨까? 피카소의 〈게르니카〉는 과거와는 단절된 어느 순간 갑자기 탄생한 걸작인 걸까? 이에 대한 해답은 피카소의 1935년 작품인 〈미노타우로마키Minotauromachy〉에 있다. 〈게르니카〉가 새로운 시도이며 창의적인 작품이라는 데에는 이견이 없다. 하지만 〈게르니카〉의 새로움 또한 어느 날 갑자기 탄생된 것은 아니다. 피카소의 부식 동판화인 〈미노타우로마키〉를 살펴보면 게르니카를 구성하는 많은 요소가 〈미노타우로마키〉로부터 왔다는 사실을 어렵지 않게 알 수 있다.

〈미노타우로마키〉〈피카소, 1935년〉

〈미노타우로마키와 게르니카에서 일치하는 요소〉

〈미노타우로마키〉	〈게르니카〉
황소(미노타우로스)	황소
말-고개를 들고 있는	말-고개를 들고 있는(창에 찔려-죽어 가는)
죽은 사람	죽은 사람(부서진 조각상)
검(부러진-조각상의 손에 들린)	검(미노타우로스의 손에 들린)
꽃(소녀의 손에 들린)	꽃(조각상의 손에 들린)
위에서 주시하는 두 여자 땅에서 불빛을 들고 있는 여자	위에서 주시하는+불빛을 들고 있는 여자
새(위의 창문 안에 서 있는)	새(빛을 향해 날고 있는)
수직방향의 사람(도망가고 있는 남자)	수직방향의 사람(불타면서 떨어지는 여자)
돛단배	
	전깃불
	어머니와 아이
	뛰어 들어오는 여자

출처: Weisberg (2006), p. 45.

일단 이 두 작품은 작품을 구성하는 요소의 많은 부분을 공유하고 있다. 그림과 표를 보면 알 수 있듯이 〈게르니카〉와 〈미노타우로마키〉를 구성하는 캐릭터는 상당 부분 일치한다. 이는 〈미노타우로마키〉를 완성했던 피카소의 경험이 〈게르니카〉의 상당 부분에 영향을 주었을 것이라는 짐작을 가능케 한다.

이 두 작품은 작품을 구성하는 캐릭터들을 공유하는 것뿐만 아니라, 작품의 공간적 구성도 유사하다는 공통점을 갖는다. '수직방향의 사람'이 오른쪽에 그려져 있고 황소가 왼쪽 끝에 있으며, 불빛을 들고 있는 여자도 〈게르니카〉에서 대응되는 캐릭터와 같은 방향을 바라본다.

캐릭터라든가 공간적 구성과 같은 물리적인 유사성뿐만 아니라, 이 두 작품이 투우라고 하는 상징성을 공유하고 있다는 사실도 예술에서의 창의적인 작품이 어떠한 과정을 거쳐 만들어지는지를 이해하는 데 중요한 단서를 제공한다.

〈게르니카〉가 투우를 뼈대로 그려졌다는 것은 자명하다. 황소와 말, 검을 든 사람 그리고 그 장면을 내려다보는 관중들이 그것을 증명한다. 그렇다면 피카소가 〈게르니카〉를 그릴 때 그림의 기본 구조를 투우로 삼았던 이유는 무엇일까? 피카소가 투우에 익숙한 스페인 사람이기 때문일까? 물론 투우 장면은 그가 초기부터 그려 왔던 작품의 소재였는데(Chipp & Tusell, 1988), 이는 피카소가 어린 시절부터 투우를 보면서 자란 스페인 사람이었기 때문이었을 것이다.

하지만 〈게르니카〉의 기본 구조로 투우를 선택한 이유는 투우가 단순히 익숙한 소재이기 때문이 아니다. 〈미노타우로마키〉가 악의 힘을 상징하는 미노타우로스Minotauros와 투우Toraumachy의 합성어라는 사실은 그 이유에 대한 단서를 제공한다. 아마도 피카소는 게르니카에 가해진 폭격에서 어린 시절 자신이 느꼈던 투우에서의 감정을 떠올렸을 것이다. 투우는 기본적으로 황소가 죽어야만 끝나는 게임이다. 어쩌면 어린 피카소에게는 황소의 죽음이 슬프고 비통했을지도 모른다. 더욱이, 피카소가 스페인에서 성장할 때의 전형적인 투우에서는 황소만이 유일한 희생물이 아니었다. 투우사를 태우던 말도 패드로 보호해 주지 않았기 때문에 종종 돌진하는 황소의 억울한 희생물이 되곤 했었다. 이 추론이 타당하다면, 〈게르니카〉의 한가운데에서 고통의 비명을 지르며 고개를 들고 있는 말을 통해 피카소가 전달하고자 하는 메시지를 파악하는 것은 그리 어려운 일이 아닐 것이다.

언뜻 보면 이해하기 어렵고 기괴한 듯 보이는 〈게르니카〉라는 작품은 이를 구성하는 다양한 조각이 연결되어 만들어진 것이며, 그 연결고리가 그다지 색다른 것은 아니다. 〈게르니카〉는 폭격이라는 불행한 사건과 피카소의 경험들의 복잡한 집합체인 것이다. 피카소의 두 작품인 〈게르니카〉와 〈미노타우로마키〉는 예술 작품 역시 과학에서와 마찬가지로 과거와의 연속성 없이 갑자기 만들어지는 것이 아니라는 사실을 보여 주고 있다.

과정이 평범한데 결과가 비범할 수 있을까

지금까지 왓슨과 크릭이 DNA의 구조를 밝히는 과정과 피카소가 〈게르니카〉를 완성하는 과정을 살펴보았다. 그들은 세상에 없었던 '새로운 새로움'을 만들어 냈다. 하지만 그러한 새로움을 만드는 과정은 우리가 생각해 왔던 것처럼 재능이나 천재성에 기대어 우연히 만들어진 것이 아니었다. 그들이 '새로운 새로움'을 만드는 데 필요했던 것은 그 분야에서의 전문성과 노력이었던 것이다.

와이즈버그는 2006년 『창의: 문제해결, 과학, 발명, 예술에서의 혁신*Creativity: Understanding innovation in problem solving, science, invention, and the arts*』이라는 제목의 600쪽이 넘는 자신의 저서 대부분을 창의라는 것이 전문성을 기초로 평범한 사고과정을 통해 만들어진다는 것을 증명하는 데 할애했다. 우리가 살펴본 바와 같이 창의란 그 산물이 비범했을 뿐, 그것이 만들어지는 과정은 평범했던 것이다(Weisberg, 2006). 창의를 연구하는 데 있어 산물의 중요성과 그 산물을 가능하게 하는 사고과정은 분리하여 연구되어야 한다는 와이즈버그의 주장은 바로 이런 이유 때문이다.

물론 창의적인 산물을 만들어 내는 과정이 일반적인 사고 과정과 동일하다는 것이 누구나 창의적인 산물을 만들어 낼 수 있다는 의미는 아니다. 하지만 10년 이상 2만 시간 이상의 노력으로 전문성을 가질 수만 있다면, 이전에 없었던 새로움을 만드는 길은 우리 모두에게 열려 있다 할 것이다.

지금까지 우리는 DNA와 〈게르니카〉를 통해 창의적인 산물이 만들어지는 과정을 살펴보았고, 이러한 산물을 만드는 직접적인 재료는 전문성이며 이러한 전문성이 발현되는 과정은 일반적인 인지 과정과 다를 것이 없다는 것을 알게 되었다. 그렇다면 이러한 결론은 이 세상의 모든 창의적인 것들에 모두 적용될 수 있는 것일까?

그렇지 않다. 지금까지 살펴보았던 창의를 만드는 과정은 '새로운 새로움'에 대한 것이었다. 6장을 시작하면서 말했던 것처럼, 창의가 만들어지는 과정을 이해하기 위해서는 항상 새로움에는 두 가지가 있음을 잊지 말아야 한다. DNA와 〈게르니카〉는 그것이 만들어지기 전까지는 아무도 그것을 알지 못했던 '새로운 새로움'의 창의로 분류될 수 있는 것들이다. 하지만 또 하나의 새로움, 즉 '새롭지 않은 새로움'이 만들어지는 과정은 지금까지 살펴본 것과는 전혀 다른 과정을 통해 만들어진다. 그리고 이는 우리 인간의 사고 특성인 효율성과 깊은 관계가 있다. 2부에서 우리가 인간의 사고 특징에 대해 알아본 이유가 바로 '새롭지 않은 새로움'이 만들어지는 과정을 이해하기 위해서였던 것이다. 이제 또 하나의 새로움, 즉 '새롭지 않은 새로움'이 어떻게 만들어지는지에 대해 알아보기로 하자.

7.

새롭지 않은 새로움을 만나는 첫 번째 방법:
고착을 이기는 힘

앞서 우리는 DNA와 〈게르니카〉를 통해 두 개의 새로움 중에서 '새로운 새로움'이 만들어지는 과정을 알아보았다. '새로운 새로움'으로 분류될 수 있는 창의를 만드는 과정에는 신비롭거나 특별한 것은 없었다. 와이즈버그(2006)의 말처럼 산물은 비범했을지라도 그 비범한 산물이 만들어지는 과정은 일반적인 문제해결에 사용되는 평범한 사고였던 것이다. 이러한 창의적 성취가 어려운 이유는 능력이나 재능이 부족하거나 특별한 사고과정을 몰라서가 아니라, 10년 이상 2만 시간 이상의 노력으로 완성되는 전문성을 갖추는 일이 만만치 않기 때문이다. 따라서 자신의 분야에서 전문성을 갖추고 그 분야의 지식을 분석하는 눈을 가질 수만 있다면, 누구라도 창의적인 산물을 만들어 낼 수 있을 것이다.

이처럼 전문성이 만들어 내는 창의는 '새로운 새로움'의 창의다. 그렇다면, 또 하나의 창의, 즉 '새롭지 않은 새로움'은 어떨까? 이러한 새로움 역시 전문성만 있으면 되는 것일까?

1장에서 소개했던 '새롭지 않은 새로움'의 예를 다시 한 번 떠올려 보자. '새롭지 않은 새로움'의 예로 우리는 '지오데식 돔'과 '보행자를 위한 자동차의 에어백'을 보았었다. '지오데식 돔'과 '보행자를 위한 자동차의 에어백'을 보며 우리는 이들이 창의적이라는 데 전적으로 동의한다. 그 이유는 무엇일까? 그러한 아이디어가 우리로서는 상상도 못할 너무나 위대한 것이기 때문일까? 이는 '새로운 새로움'의 창의인 DNA나 〈게르니카〉가 창의적이라고 느껴지는 이유에 해당한다.

그렇다면 새롭지 않은 새로움의 창의인 '지오데식 돔'이나 '보행자를 위한 자동차의 에어백'이 새롭게 느껴지는 이유는 무엇일까? 이러한 새로움은 그 결과물만 보면 우리도 충분히 만들 수 있을 것 같은 생각이 들지만, 막상 결과물을 보기 전까지는 이런 새로움을 만들어 낼 수 있는 아이디어가 잘 떠오르지 않는다. 따라서 우리는 새롭지 않은 새로움의 아이디어를 접할 때면 기발하고 새롭다고 생각하는 것이다.

이러한 '새롭지 않은 새로움'은 '새로운 새로움'의 창의와는 분명 차이가 있다. 사실 DNA라든가 〈게르니카〉와 같은 '새로운 새로움'의 창의는 그 산물을 보았을 때, 나도 그것을 만들 수 있을 것이라는 생각이 쉽게 들지는 않는다. 어쩌면 이는 당연한 것일지도 모른다. 왜냐하면 '새로운 새로움'이란 그 분야에서의 절대적인 전문가들의 몫이기 때문이다. 따라서 우리가 그 분야의 전문가가 아니라면 나도 만들 수 있다는 생각을 쉽게 하기는 힘들다. 게다가 때로는 그것이 왜 창의적인지 모르는 경우도 있다.

하지만 '새롭지 않은 새로움'의 창의는 일단 만들어진 산물을 보고 나면, 그 분야에 어느 정도의 지식이 있는 사람이라면, '나도 저 생각을 할 수 있었는데.'라는 생각을 할 수 있다. '지오데식 돔'과 '보행자를 위한 자동차의 에어백'은 세상에 없었던 새로움이 분명하지만, 이들이 만들어지는 원리 자체는 그 분야에 어느 정도의 지식을 가진 사람들에게는 새로운 것이 아니다.

지오데식 돔은 기존의 트러스 구조의 변형일 뿐이며, 보행자를 위한 에어백은 그저 자동차 밖에 에어백을 설치한 것이 전부다. 하지만 그 분야에서 일을 한다고 해서 아무나 쉽게 이런 생각을 할 수 있는 것은 아니다. 그저 작은 삼각형을 계속해서 이어 붙이고 에어백을 자동차 밖에 설치한 것이 전부였지만, 이러한 창의적인 산물들이 나오기 전까지 이를 생각한 사람은 아무도 없었다.

그렇다면 이러한 '새롭지 않은 새로움'은 어떻게 만들어지는 것일까? '새로운 새로움'의 창의를 만드는 재료가 전문성이라면, '새롭지 않은 새로움'의 창의는 무엇으로 만들어지는 것일까? 물론 '새롭지 않은 새로움'을 만드는 데 어느 정도의 전문 지식이 필요한 것은 사실이다. 지오데식 돔을 만들기 위해서는 물리학과 건축학에 대한 지식이 필요하고, 자동차 밖에 에어백을 설치하기 위해서는 에어백의 작동원리에 대한 지식이 있어야 할 것이다. 하지만 이러한 생각을 하는 데에 '새로운 새로움'을 만들 때와 같이 고도의 전문지식이 필요한 것은 아니다. 그렇다면 '새롭지 않은 새로움'을 만들기 위해서는 '새로운 새로움'의 경우와는 다른 무엇인가가 필요한 것임에 틀림없다.

사실 창의와 관련된 수많은 책에서 제안하는 다양한 기법들은 이러한 '새롭지 않은 새로움'을 만드는 방법에 관한 것들이다. 끊임없이 제안되고 유통되는 이러한 기법들은 서로 그 이름은 다르지만, 공통적으로 하나의 원칙을 공유하고 있다. 그것은 바로 '다양하게 생각하고, 다른 것들을 연결하라.'는 원칙이다. 창의를 말할 때면 어김없이 등장하는 융합이라는 말도 이러한 원칙을 전제로 하고 있다.

창의적인 진보란 두 가지 독립적인 것을 하나의 아이디어로 합치는 이연연상bisociation을 통해 이루어진다는 코에스틀러(Koestler, 1964)의 말이나, 보다 창의적인 것은 서로 관련 없어 보이는 두 개가 연결될 때 나타난다는 메드닉(Mednick, 1962)의 말 역시 창의란 서로 다른 것들이 다양하게 결합될 때 만들어지는 것이라는 믿음을 반영한다.

하지만 여전히 '어떻게?'라는 질문에 대한 구체적인 답은 없다. 어떻게 다양하게 생각하고, 어떻게 연결해야 하는가에 대한 답은 여전히 모호하다. 그저 여러 가지를 합쳐 보고 기존의 것과는 다르게 보기만 하면 되는 것일까? 하지만 하나의 문제를 해결하는 데 여러 가지 생각을 하고 관계없어 보이는 것들을 합쳐 보는 일이 말처럼 쉬운 일일까?

4장에서 살펴본 우리 인간의 인지 특성을 떠올려 보자. 우리는 문제를 해결하는 데 있어 하향처리과정을 선호한다. 이것이 때로는 오류를 가져올지라도 우리 인간은 그 오류 가능성을 기꺼이 감수하면서까지 하향처리과정을 사용한다. 이는 문제를 보다 신속하고 보다 효율적으로 해결하려는 우리의 본성이며, 이로 인해 우리는 가급적이면 자동적이고 습관적으로 문제를 해결하려 한다. 따라서 애석하게도 문제를 해결할 때 우리는 다양하게 생각하지도 않고 더욱이 관계가 없어 보이는 것들을 떠올리지도 않는다. 우리는 어떤 조건 아래에서 최적화된 지점을 찾는 존재가 아니라 그 조건에서 어느 정도의 만족이 이루어지면 문제를 끝내는 그러한 존재인 것이다.

결국, 아무리 다양하게 생각하라고 격려한다 해도 우리는 그런 식으로 생각하지 않는다. 따라서 자유롭게 상상하고 다양하게 생각하라는 제안은 더 이상 유용한 기법이 될 수 없다. 그렇다면 어떻게 해야 고착을 이겨 낼 수 있을까? 5장에서 살펴본 것처럼, 상상력이 필요한 문제를 해결할 때도 우리는 어김없이 지식과 경험으로부터 제약을 받는다. 이러한 고착은 지식으로부터 야기되는 것이기에, 우리가 지식을 쌓는 것을 포기하지 않는 한 고착에 걸리지 않는다는 것은 불가능하다. 애석하게도 우리는 고착으로부터 자유로워질 수 없는 것이다.

하지만 다행인 것은 이러한 고착의 영향을 최소화시킬 수 있는 방법이 있다는 것이다. '새롭지 않은 새로움'의 창의는 우리가 무의식적이고 관습적으로 문제를 해결하던 습관에서 벗어나야 만들어질 수 있다. 그리고 그러한 습관에서 벗어나는 방법은 두 가지가 있다. 7장에서는 우리가 의식하지도 못한 상태에서 마주치는 고착이라는 현상을 극복하는 방법을 알아볼 것이고, 8장에서는 문제를 해결하는 데 있어 자동적으로 활성화되는 지식의 범주를 벗어나 새로운 시각을 가질 수 있는 방법에 대해 알아볼 것이다.

지금부터 우리는 고착을 극복할 수 있는 구체적인 방안에 대해 알아볼 것이다. 일단 고착을 어떤 방식으로 인식하고 어떠한 습관을 길러야 하는지를 알아보고, 이러한 습관을 기르기 위해 어떠한 교육이 필요한지에 대해 설명하고자 한다. 물론 쉽지는 않겠지만 이들 방법을 이해하고 의식적으로 이런 방식의 사고를 한다면 '새롭지 않은 새로움'의 창의를 만드는 일이 결코 불가능하지만은 않을 것이다.

고착을 피해 가는 두 가지 연습

고착은 지식을 효율적으로 사용하고자 하는 문제해결 과정에서 발생하기 때문에 우리는 우리가 고착에 걸려 있다는 사실을 인식하지 못한다. 따라서 고착을 최소화하기 위해서는 고착이 관여하는 다양한 경우를 경험하고 이를 인식하는 습관을 기르는 것이 필요하다. 내가 생각하지 못했던 아이디어들을 접하게 되었을 때, 그저 신기하다고 감탄하지만 말고 그 생각을 못한 이유가 무엇인지를 생각해 보는 습관이 고착을 극복하는 첫걸음이 된다.

예를 들어, '9개 점 문제nine-dot-problem'를 생각해 보자. 이 문제는 창의와 관련된 책에 자주 등장하는 문제이기 때문에, 창의에 관심 있는 사람이라면 한 번쯤은 보았을 것이다. 이 문제에서 우리가 해결해야 하는 것은, 다음과 같이 제시된 9개의 점을 종이에서 연

필을 떼지 않고 4개 이하의 직선을 사용하여 모두 연결하는 것
이다.

9개의 점 문제

이 문제의 정답은 무궁무진하다. 수많은 창의 관련 책들은 저마
다 독특한 해답을 제시한다. 다음에 제시되어 있는 답들은 2001년
에 출판된 스탠퍼드 대학의 제임스 아담스James L. Adams의 저서 『개
념적 블락버스팅Conceptual blockbusting』에 나와 있는 답들이다. 아담
스 교수뿐만 아니라 수많은 연구자들은 독특하고 신기한 답들을
제시하며 우리를 감탄하게 한다. 하지만 이러한 답들이 가능하다는
것과 내가 그런 생각을 할 수 있느냐는 별개의 문제다. 이러한 생
각들도 있으니 조금 더 생각해 보라고 격려한들 아무런 소용이 없
다. 중요한 것은 나 스스로가 이러한 답을 만들어 내는 힘을 갖는
것이다.
　'새롭지 않은 새로움'을 만드는 힘을 갖는다는 것은 이러한 새로

움의 아이디어가 쉽게 떠오르지 않는 이유를 아는 것을 의미한다. '새롭지 않은 새로움'의 특징을 다시 한번 생각해 보자. '얼음이 녹으면?'이라는 질문에 '봄이 온다'는 답은 일단 듣고 나면 우리도 이미 알고 있었다는 것을 느끼지 않는가? 하지만 답을 듣고서 나도 이미 알고 있었다고 느낀다는 것이 우리도 이러한 새로움을 만들 수 있다는 것을 의미하지는 않는다. 이 답을 듣기 전에는 어째서 이런 답을 생각하지 못했는지 그 이유를 아는 것이 바로 새롭지 않은 새로움을 만드는 힘이 되는 것이다.

'새로운 새로움'은 고도의 전문성 없이는 만들어질 수 없지만, '새롭지 않은 새로움'은 그 답이 이미 우리들 안에 있는 것이다. 다만 그것을 생각해 내는 것이 어려울 뿐이고 이는 하향처리과정을 선호하는 우리에게는 어쩌면 자연스러운 일일지도 모른다. 5장에서 살펴본 것처럼 우리의 인지가 만들어 내는 고착이라는 현상을 극복하는 일은 그리 쉽지만은 않다. 이를 극복하기 위해서는 스스로가 어떠한 고착에 걸리고 있는지에 대해 끊임없이 자각하고 이를 벗어나려고 노력해야만 한다. 이제 제시된 답들을 보면서, 내가 '새롭지 않은 새로움'을 생각하는 것이 왜 어려웠는지에 대해 알아보기로 하자.

일단 가장 일반적인 답은 다음과 같이 4개의 선을 사용하여 9개의 모든 점을 연결하는 것이다. 막상 답을 보면 '아하! 이렇게 푸는 거였군!' 하는 생각이 들지만, 실제로 이 답을 생각하는 사람은 그다지 많지 않다는 것이 수많은 연구에서 증명되었다. 그렇다면 이 답을 생각하는 것이 어려운 이유는 무엇일까? 이 답을 생각하는 데 가장 결정적인 것은 선이 점에서 꺾이는 것이 아니라 점 밖에서 꺾인다는 사실이다. 하지만 이런 생각은 그리 쉽게 떠오르지 않는다. 왜냐하면, 문제에 제시된 9개의 점을 보는 순간 즉각적으로 사각형의 형태가 머리에 그려지기 때문이다.

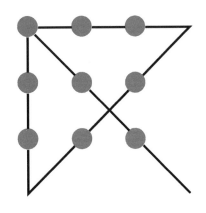

사각형이라는 도형에 대한 지식으로부터의 고착

제시된 9개의 점은 사각형이 아니지만, 그 점들이 보여 주는 형태는 분명 우리에게 익숙한 사각형 모양이다. 제시된 문제에서 사각형이라는 도형의 형태가 떠오르는 순간 선이 사각형 모양 밖으로 빠져나온다는 생각을 하는 것은 거의 불가능하게 된다. 결국 이러한 답을 찾지 못하는 가장 큰 이유는 우리에게 익숙한 사각형이라는 도형에 대한 지식이 선이 꺾여야 하는 지점을 결정해 버리기 때문이다. 이로 인해 우리는 선이 사각형 모양의 밖에서 꺾일 수 있다는 생각을 하지 못하는 것이다.

그렇다면 다음의 답은 어떤가? 3개의 선을 사용해서 다음과 같이 9개의 점을 연결하는 것이다. 이런 생각이 어려웠다면 왜일까? 이는 문제를 받는 순간 우리에게 이미 점에 대한 개념이 작동하기 때문이다. 즉, 우리는 9개의 점을 보는 순간 무의식적으로 점은 작은 것이라는 생각을 한다. 점이란 원래 부피와 무게를 갖지 않고 위치만을 나타내는 것으로 정의되기 때문에, 우리는 습관적으로 작은 것을 점이라고 부르며 살아간다. 아무리 크게 그려도 그것을 점이라고 부르는 순간 우리는 그것이 작다는 생각을 먼저 떠올리게 되는 것이다.

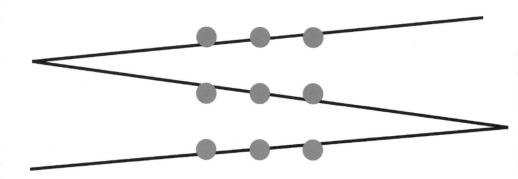

점에 대한 개념으로부터의 고착

하지만 점이라는 표현은 상대적인 것이기도 하다. 이런 생각이 익숙하지는 않겠지만, 지구라는 큰 별도 우주의 관점에서 본다면 작은 점에 불과하다. 그렇다면 점은 반드시 작을 이유가 없으며 그렇다면 위의 그림에서처럼 직선을 조금만 기울여서 하나의 직선이

점 3개를 한 번에 지나게 할 수도 있다.

　다음의 답은 또 어떤가? 바로 앞에서의 답은 점이라는 개념이 새로운 생각을 방해하는 예라면, 이 답은 선에 대한 개념이 우리의 상상력을 방해하는 경우다. 점의 경우와 마찬가지로 선이라는 단어는 그것이 가늘어야 한다는 생각을 자동적으로 들게 한다. 더욱이 선이 가는 볼펜이나 연필을 잡고 이 문제를 풀고 있다면 이 생각은 더욱 자동적으로 일어날 것이다. 하지만 선이 반드시 가늘어야만 할까? 두꺼운 선도 분명 있지 않은가?

선에 대한 개념으로부터의 고착

　만약 수채화를 그리는 미술시간에 이 문제를 받았다면, 아마도 이와 같이 하나의 선으로 모든 점을 연결하는 답은 보다 쉽게 만들어질 수 있을 것이다. 선이 두꺼운 붓으로 그림을 그리고 있었다면 말이다. 조선시대 화가인 김홍도와 신윤복을 소재로 만들어진 TV 드라마에서 하나의 에피소드로 바로 이 문제가 등장한 적이 있다. 이때 주인공이 내놓은 답이 바로 앞의 그림처럼 하나의 선으로 모든 점을 연결하는 것이었다. 드라마에서는 신윤복의 천재성을 보여주고 싶었던 것이지만, 과연 신윤복이 천재였기 때문에 하나의 선으로 연결하는 답을 찾았을까? 그럴 수도 있겠지만 그것보다는 그가 살았던 조선시대라는 시대적 환경 때문에 이러한 답을 찾는 것이 보다 수월했을 수 있었을지도 모른다. 그 시대에는 볼펜이나 연필이 아닌 붓을 사용했었고 붓이 만들어 내는 선은 지금 우리가 생각하는 선보다는 훨씬 두껍기 때문이다. 이는 고착이라는 현상이 나타나는 것은 어쩔 수 없다고 하더라도 고착에서 보다 자유로울 수 있는 상황이 존재한다는 사실을 보여 준다. 결국, 우리가 고착을 인식하고 이를 극복하는 것이 불가능한 것은 아니라는 것이다.

　그렇다면 다음에 제시되는 답은 어떤가? 이 답은 문제지를 구겨서 점을 동일한 지점에 위치시킨 후 연필이 모든 점을 통과하게 만드는 것이다. 기발하지 않은가? 이러한 생각은 정말 쉽지 않다. 그렇다면 이러한 생각이 힘든 이유는 왜일까? 이는 문제지를 구기거나 훼손해서는 안 된다는 생각 때문이다. 지금까지 살아오면서 우리가 시험지를 이렇게 구겨서 문제를 해결해 본 적이 있는가? 절대 그렇지 않을 것이다. 따라서 이와 같은 답은 우리가 직접 접하기 전까지는 도저히 상상할 수 없는, 그저 감탄할 수밖에 없는 답인 것이다.

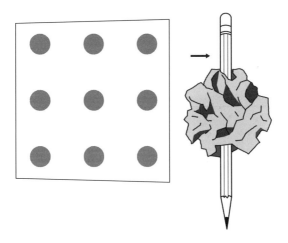

시험지를 훼손하면 안 된다는 경험으로부터의 고착

지금까지 우리가 쉽게 생각하지 못했던 기발한 답들을 살펴보았다. 이런 답들을 보면서 우리는 단지 감탄만 한 것이 아니라, 무엇 때문에 우리가 이러한 답을 쉽게 생각해 내지 못하는지, 즉 어떠한 고착이 이런 생각을 방해했는지에 대해 생각해 보았다. 그렇다면, 이처럼 고착의 내용을 찾아보고 이해하는 것만으로 우리도 새로운 생각을 만들 수 있을까? 물론 몇 번의 연습만으로는 가능하지 않을 것이다. 하지만 자기가 하는 생각이 무의식적으로 경험과 지식에 영향을 받는다는 것을 인식하고 이를 확인해 보는 습관을 갖는 것은 '새롭지 않은 새로움'을 만드는 시작점이 될 수 있을 것이다.

예를 들어, 앞에서 시험지를 훼손하면 안 된다는 생각 때문에 시험지를 구긴다는 생각을 하지 못했다는 것을 인식하고 나면, 다음과 같이 시험지를 접거나 자르는 행동이 조금은 쉬워질 수도 있을 것이다.

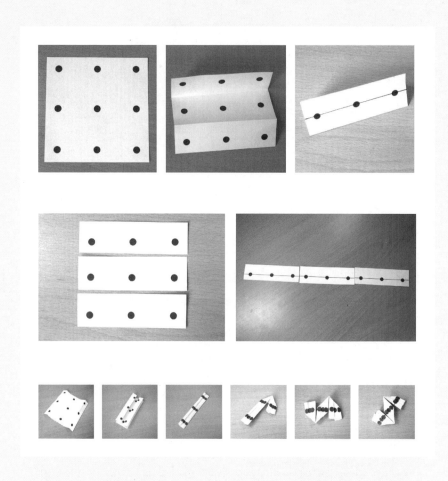

시험지를 훼손하면 안 된다는 고착에서 벗어난 다양한 예

이처럼 어떠한 문제를 해결할 때 사실은 수많은 고착에 노출되어 있다는 것을 인식하는 것은, 문제를 해결하는 초기단계에서 새로운 생각을 방해하는 특정한 고착을 탐색하는 습관을 만들어 줄 수 있을 것이다. 물론, 문제를 해결할 때마다 이런 식으로 고착을 생각해 보는 것은 그다지 효율적이지도 않거니와 항상 그런 식으로 문제를 해결할 수도 없다. 4장에서 강조했듯이, 우리 인간은 보다 신속하게 문제를 해결하기 위해 해결과정을 자동화시키면서 진화해 왔다. 따라서 이런 식으로 생각에 영향을 미치는 고착을 살펴보는 것은 어쩌면 우리의 본성과 어울리지 않는 무척이나 피곤한 일일지도 모른다. 하지만 기존의 지식으로 문제가 전혀 해결되지 않거나 혹은 기존의 방식과는 상이한 답이 필요한 상황에서는 이러한 연습이 분명 도움이 될 수 있을 것이다. 이처럼 고착의 가능성을 탐색하고 이를 극복하려는 꾸준한 연습은 창의가 필요한 상황에서 분명 의미 있는 결과를 만들어 줄 것이다.

하지만 이처럼 고착을 인식하고 이를 극복하는 연습을 스스로 찾아서 한다는 것은 말처럼 쉬운 일이 아니다. 그렇다면 어린 시절부터 의도적으로 이러한 고착을 경험시키고 이를 극복하는 기회를 제공해 준다면 이러한 습관을 기르는 일이 보다 수월하지 않을까?

고착은 버리고 지식은 줍고

지금까지 설명한 것처럼 '새롭지 않은 새로움'의 창의가 어려운 이유는 이미 형성된 지식과 경험이 문제해결의 방향을 제한하기 때문이다. 그렇다면 이러한 고착이 제거된 상태로 지식이 습득될 수는 없을까? 4장에서 설명한 바와 같이, 우리가 지식을 배우는 가장 큰 이유는 신속하게 문제를 해결하기 위한 것이며, 이는 결과적으로 문제해결을 자동적으로 처리하려는 습관을 만들게 된다. 결국, 무엇을 배운다는 것은 잠재적으로 고착이 형성된다는 의미인 것이다. 따라서 잠재적으로 형성되는 고착을 제거하면서 무엇을 배운다는 것은 불가능하다 할 수 있다.

하지만 고착의 가능성을 확인하고 이를 최소화하는 습관을 기르면서 지식을 가르치는 것은 어느 정도 가능할 수 있다. 유치원 아이들을 대상으로 한 임웅(2008)의 연구는 고착을 최소화시키고 다양한 생각을 유도하면서 지식을 가르칠 수 있으며, 고착이 발생하는 원리가 수업에 적용된다면 보다 손쉽게 새로운 생각을 만들 수 있다는 사실을 보여 주었다.

실험은 다음의 그림과 같이 1부터 30까지 순서대로 선을 연결하면 재미있는 모양이 나타나는 교구를 사용하여 진행되었다.

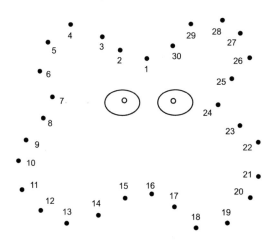

수의 순서를 가르치는 교구

선을 순서대로 연결하기만 하면 이미 계획된 그림이 나타나는 이 교구는 아이들이 재미있어할 뿐만 아니라 제작이 손쉽다는 장점 때문에 실제로 유치원에서 흔하게 사용되는 교구다. 이러한 교구를 통해 아이들은 순서대로 선을 연결하면서 자연스럽게 수의 순서를 배우게 된다. 이 교구는 수의 순서를 가르치는 데에는 무척 효과적임에 틀림없다. 하지만 우리가 고착이 형성되는 과정을 이해하고 있다면, 수의 순서를 익히는 동안 아이들은 의식하지 못한 채 하나의 고착을 형성할 수도 있다는 사실을 알 수 있을 것이다.

이러한 교구로 수업을 할 때 우리는 두 점을 바른 순서대로 잇는 것에 초점을 둔다. 왜냐하면 수업의 목적은 수의 순서를 익히는 것이기 때문이다. 따라서 수업에서 아이들은 모두 다음의 '일반적 수업 반'의 그림처럼 점을 연결한다. 이때 눈여겨볼 것이 바로 점들을 연결하는 데 직선을 사용한다는 것이다. 두 점을 연결할 때 직선을 사용하는 것은 지극히 자연스럽다. 이러한 연결에 어떤 문제가 있는 것도 아니다. 하지만 이렇게 교육을 받으면서 아이들은 혹시 두 지점을 연결할 때는 직선만 사용해야 한다고 생각하게 되는 건 아닐까?

고착에 대한 이러한 생각을 기초로 유치원 아이들을 '일반적 수업 반'과 '창의적 수업 반'으로 나누어 실험이 진행되었다. '일반적 수업 반'에서는 왼쪽 그림과 같이 두 점을 직선으로 연결하는 시범을 보여 주었고, '창의적 수업 반'에서는 오른쪽 그림과 같이 곡선으로 연결하는 시범을 보여 주었다.

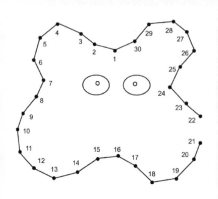

'일반적 수업 반'의 문제해결 제시의 예

'창의적 수업 반'의 문제해결 제시의 예

'창의적 수업 반'에서의 시범은 수의 순서를 배우는 동안 잠재적으로 형성될 수 있는, 즉 점과 점을 직선으로만 이어야 한다는 생각이 들지 않도록 만들기 위한 것이었다. 시범이 끝난 후, 두 집단의 아이들에게 시범에서와는 밑그림이 다른 수 연결 과제를 제시했다. 두 집단의 결과는 매우 흥미로웠다. '일반적 수업 반'의 아이들은 모두 다 숫자와 숫자 사이를 직선으로만 연결하였고 따라서 모두가 똑같은 모양의 그림을 만들어 냈다. 그에 반해, 곡선을 이용해 점을 연결하는 시범을 보았던 '창의적 수업 반'의 경우에는 모든 아이가 서로 다른 그림을 그렸다. 고착을 파악하고 이를 최소화하려는 노력이 새로운 생각을 만들어 내는 데 긍정적인 영향을 미칠 수 있다는 사실을 보여 주는 결과였던 것이다.

하나의 예를 더 살펴보자. 유아의 소근육 발달을 촉진하고 손과 눈의 협응력을 신장시키는 일은 유아의 교육과정에 제시되어 있는 중요한 교육 과제다. 이러한 목적을 위해 다음과 같은 교구가 흔히 사용된다. 다양한 모양의 천에 이미 구멍을 뚫어놓고 그 구멍을 찾아 바느질을 하는 것이다. 이러한 활동은 유아의 소근육의 발달과 손과 눈의 협응력을 키우는 데 매우 유용한 도구다.

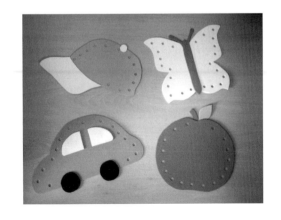

유아들은 대개 다음 그림과 같은 형태로 바느질을 하며, 이러한 형태의 바느질은 교육목적을 달성하는 데 전혀 문제가 없다.

하지만 고착을 최소화하기 위해 다르게 가르쳐 볼 수는 없을까? 다음과 같은 교구를 사용한다고 생각해 보자.

일반적으로 유아들은 다음 그림에서 보이는 것과 같이 바느질을 할 것이고, 이러한 활동은 유아들의 소근육을 발달시키고 그들의 손과 눈의 협응력을 키우는 목적에 잘 부합되기 때문에 우리는 이러한 활동에 대해 더 이상의 고민을 하지 않는다.

하지만 고착이라는 인지 특성을 고려해서 다음과 같이 가르쳐 보는 건 어떨까? 이런 형태의 바느질 또한 소근육 발달과 손과 눈의 협응력을 키운다는 교육목적에 정확히 일치된다. 게다가 이런 식의 바느질은 동일한 재료를 사용하면서도 다양한 생각을 촉진시킬 수 있다는 점에서 보다 바람직한 활동이라 할 수 있다.

그렇다면 이런 식의 교육은 어떤 결과를 가져올까? 이런 식으로
교육을 받은 아이들이 신발 끈을 묶는 상황을 생각해 보자. 평소에
전형적인 방법으로 교육받은 유아들은 신발 끈을 묶을 때 다음과
같은 일반적인 방법을 사용할 것이다.

하지만 다양한 모양의 바느질을 연습한 유아들은 다음과 같이
보다 새로운 방법으로 신발 끈을 묶을 확률이 높지 않을까?

이처럼 동일한 교육과정을 어떻게 가르치느냐에 따라 교육목표
를 달성하면서도 새로운 생각을 열어 놓는 방법이 있다면, 어떤 방
법으로 가르칠 것인가에 대한 진지한 고민은 아무리 오래 해도 지
나치지 않을 것이다.

: 손과 눈의 협응력(hand-eye coordination)

협응력은 시각이나 청각 등의 감각기능과 운동기능 간의 협응을 요하는
능력을 말한다. 글씨를 쓰기 위해서는 손의 운동과 시각을 협응해야 하는 것
처럼 물건 잡기나 운전하기 등 대부분의 행동에는 협응기능이 요구된다.

이 중 손과 눈의 협응력은 손과 눈의 움직임을 함께 통제할 수 있는 것으
로, 시각적 입력과 손의 움직임이 서로를 안내해 주는 과정을 의미한다. 손과
눈의 협응력은 일상생활에서는 없어서는 안 될 기초적인 기제로서, 이 능력
에 문제가 생기면 탁자의 책을 집는 것부터 비디오 게임을 하는 일까지 대부
분의 일을 할 수 없게 된다.

이러한 협응력은 유아기에 급격하게 발달하게 되는데, 만 2세경에는 숟가
락으로 밥 뜨기, 3세경에는 옷 벗기, 4세경에는 옷을 입고 단추를 끼우는 행
동이 가능해진다. 흔히 자조기술(self-help skill)이라 불리는 이러한 협응 기능
들은 유아의 자율성과 자아존중감의 획득에 중요한 영향을 미친다.

고착 극복 프로젝트, 물컵을 옮겨라!

새로운 생각을 하는 데 있어 고착이 어떻게 작용하는지를 정확하게 이해한다면, 같은 내용을 가르치더라도 보다 다양한 사고를 촉진시킬 수 있는 다양한 교육방법을 생각해 낼 수 있을 것이다. 하지만 모든 지식을 이러한 방법으로 가르칠 수는 없는 일이다. 그렇다면 고착을 이해하고 이를 극복할 수 있는 기회를 제공할 수 있는 프로그램을 개발하여 경험하게 하는 것은 어떨까? 물론 이러한 프로그램을 개발하는 것이 쉬운 일은 아니겠지만, 지금부터 제시되는 프로그램의 원리를 이해한다면 그렇게 어렵지만은 않을 것이다.

이 프로그램은 저자의 '창의 학습 평가 연구소Center for Learning and Evaluation of Creativity: CLEC'에서 개발한 것으로, '물컵을 옮겨라!'라는 이름의 프로그램이다. 이 프로그램에 사용되는 도구는 '투명한 플라스틱 컵 10개'와 '물을 반 정도 채운 1리터짜리 물병' 그리고 '천으로 된 컵받침(10cm×70cm)'으로 비교적 간단하다.

이 프로그램은 참가자들이 활동의 규칙을 배우고 연습문제를 해결하는 동안 자신도 모르게 세 가지의 고착, 즉 '물컵을 컵받침 위에서만 움직여야 한다.'는 것과 '물컵을 보는 방향이 고정되어 있다.' 그리고 '물이 든 컵과 빈 컵을 교환해야 한다.'는 고착이 형성되도록 고안되었으며, 새로운 해답은 이러한 고착이 제거되어야만 나올 수 있도록 설계되었다. 이제 이 프로그램의 구체적인 내용을 살펴보자.

　강사는 참가자들에게 10개의 물컵과 물병 그리고 컵받침을 주고, 10개의 물컵을 컵받침 위에 가지런히 놓게 한다. 세팅이 끝나면 강사는 다음의 지시문과 같이 왼쪽부터 차례로 5개의 물컵에 물을 채우게 한다. 이는 활동을 위한 단순한 세팅 작업처럼 보이지만 이 과정을 통해 참가자들은 자기도 모르게 두 가지 사실을 학습하게 된다. 첫째, 컵받침 위에 가지런히 물컵을 올려놓는 과정을 통해 자연스럽게 물컵은 컵받침 안에만 놓여 있어야 한다는 생각을 갖게 되며, 둘째 물컵의 순서가 자기가 바라보는 방향에서 왼쪽이 첫 번째가 된다는 생각을 하게 된다.

　이러한 세팅은 매우 일반적인 절차이기 때문에 참가자들은 자신들이 이러한 고착에 걸려 있는지를 눈치채지 못하지만, 나중에 이러한 절차가 새로운 답을 생각하는 데 방해를 받는다는 사실을 알게 되고, 이러한 고착이 제거되었을 때 새로운 생각이 만들어질 수 있다는 것을 경험하게 된다.

교구 준비		
내용	지시문	"그림에서 보이는 것과 같이 열 개의 컵 중 왼쪽부터 차례로 다섯 개의 컵에 물을 채워 주세요."
	활동방법	참가자가 직접 컵받침 위에 열 개의 컵을 나란히 놓고, 보여 주는 그림과 같이 다섯 개의 컵(왼쪽에서 첫 번째, 두 번째, 세 번째, 네 번째, 다섯 번째 컵)에 물병에 든 물을 고르게 나누어 따르게 한다.
	활동목적	컵받침 위에 가지런히 컵을 올려놓게 함으로써 컵이 컵받침 안에만 놓여 있어야 한다는 생각을 갖게 한다(컵이 컵받침 안에만 있어야 한다는 고착의 형성). 또한 컵의 순서는 자기가 바라보는 방향에서 왼쪽부터 시작된다는 생각이 들게끔 한다(컵의 순서에 대한 고착 형성).

세팅이 끝나면 참가자들에게 연습문제를 제시하고 함께 해결해 보는 활동을 한다. 연습문제는 세팅된 상태에서 물이 든 컵이 두 번째, 네 번째, 여섯 번째, 여덟 번째, 열 번째에 놓이게 되도록 물컵을 옮겨 보는 것이다. 이 활동의 목적은 컵을 옮기는 횟수를 계산할 때의 원칙, 즉 1회란 물컵 한 개를 한 번 잡았다 놓는 것을 의미하며 한 손으로 잡더라도 물컵 두 개를 동시에 잡으면 2회로 계산된다는 것을 알려 주려는 활동처럼 보이지만, 사실 보다 중요한 목적은 이 연습문제를 통해 참가자들은 물컵들이 반드시 컵받침 위에 있어야 한다는 생각을 더욱 공고히 하게 하는 것이다. 따라서

강사는 어떠한 경우라도 물컵을 컵받침 밖에 놓아서는 안 된다.

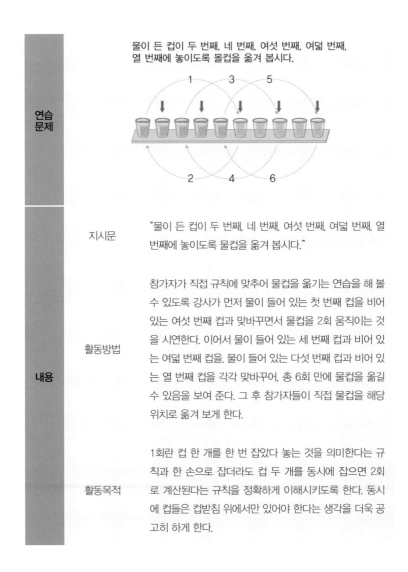

<table>
<tr><td rowspan="1">연습
문제</td><td colspan="2">물이 든 컵이 두 번째, 네 번째, 여섯 번째, 여덟 번째,
열 번째에 놓이도록 물컵을 옮겨 봅시다.</td></tr>
</table>

	지시문	"물이 든 컵이 두 번째, 네 번째, 여섯 번째, 여덟 번째, 열 번째에 놓이도록 물컵을 옮겨 봅시다."
내용	활동방법	참가자가 직접 규칙에 맞추어 물컵을 옮기는 연습을 해 볼 수 있도록 강사가 먼저 물이 들어 있는 첫 번째 컵을 비어 있는 여섯 번째 컵과 맞바꾸면서 물컵을 2회 움직이는 것을 시연한다. 이어서 물이 들어 있는 세 번째 컵과 비어 있는 여덟 번째 컵을, 물이 들어 있는 다섯 번째 컵과 비어 있는 열 번째 컵을 각각 맞바꾸어, 총 6회 만에 물컵을 옮길 수 있음을 보여 준다. 그 후 참가자들이 직접 물컵을 해당 위치로 옮겨 보게 한다.
	활동목적	1회란 컵 한 개를 한 번 잡았다 놓는 것을 의미한다는 규칙과 한 손으로 잡더라도 컵 두 개를 동시에 잡으면 2회로 계산된다는 규칙을 정확하게 이해시키도록 한다. 동시에 컵들은 컵받침 위에서만 있어야 한다는 생각을 더욱 공고히 하게 한다.

연습문제가 끝난 후 옮겨진 물이 든 컵의 순서가 다음의 왼쪽과

같이 되고 나면 실전문제를 제시한다. 일단 2, 4, 6, 8, 10번째에 물이 든 컵이 놓여 있는 상태에서, 컵을 옮겨 1, 3, 6, 7, 8번째에 물이 든 컵이 놓이도록 만드는 것이 실전문제가 된다. 강사는 문제를 설명하고 다음의 오른쪽과 같이 시연을 한 번 한다. 강사가 시연하는 방법을 사용하면 모두 여섯 번 컵을 움직여서 문제가 해결되는데, 이는 이 활동에서 가능한 답 중에서 가장 일반적이며 가장 컵을 많이 움직여서 해결되는 답이다.

실전문제	첫 번째, 세 번째, 여섯 번째, 일곱 번째, 여덟 번째에 물이 든 컵을 놓으려고 합니다. 물컵을 옮겨 봅시다.

내용	지시문	"어떻게 하는지 다들 알겠죠? 그럼 이제 진짜 문제를 풀어 볼까요? 지금은 두 번째, 네 번째, 여섯 번째, 여덟 번째, 열 번째에 물이 든 컵이 놓여 있습니다. 이제 컵을 옮겨 첫 번째, 세 번째, 여섯 번째, 일곱 번째, 여덟 번째에 물이 든 컵이 놓이도록 만들어야 합니다. 제가 한번 해 보겠습니다. 첫 번째 컵과 두 번째 컵을 맞바꾸고, 세 번째 컵과 네 번째 컵을 맞바꾸고, 일곱 번째 컵과 열 번째 컵을 맞바꾸면 총 여섯 번 만에 문제를 해결 할 수 있습니다."
	활동방법	강사가 시연을 통해 총 6개의 컵이 서로 자리를 바꾸면 문제가 해결된다는 것을 알려 주면서 문제를 해결하는 과정을 시연한다.

시연이 끝나면 다음의 지시문과 같이 참가자들에게 직접 문제를 해결하도록 한다. 이때 반드시 참가자들에게 두 가지 사항을 주지시켜야 하는데, 첫째는 강사의 시연보다 적은 횟수로 문제를 해결해야 한다는 것과, 둘째는 문제를 해결했을 때 자신이 어떠한 고착을 벗어났는지를 설명해야 한다는 것이다. 사실, 이 프로그램의 목적은 얼마나 적은 횟수로 답을 찾느냐가 아니라 일반적인 여섯 번의 답보다 적은 횟수로 문제를 해결한 이유가 어떠한 고착을 벗어났기 때문인지를 인식하는 것이다. 즉, 적은 횟수가 중요한 것이 아니라 적은 횟수를 만든 이유가 중요한 것이다.

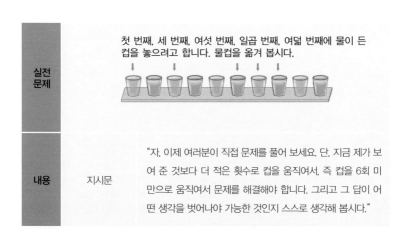

실전 문제		첫 번째, 세 번째, 여섯 번째, 일곱 번째, 여덟 번째에 물이 든 컵을 놓으려고 합니다. 물컵을 옮겨 봅시다.
내용	지시문	"자, 이제 여러분이 직접 문제를 풀어 보세요. 단, 지금 제가 보여 준 것보다 더 적은 횟수로 컵을 움직여서, 즉 컵을 6회 미만으로 움직여서 문제를 해결해야 합니다. 그리고 그 답이 어떤 생각을 벗어나야 가능한 것인지 스스로 생각해 봅시다."

이 문제에서 가능한 답은 다음과 같이 다섯 가지다. 가능한 답의 종류와 관여된 고착의 내용을 살펴보자.

답1: 5회		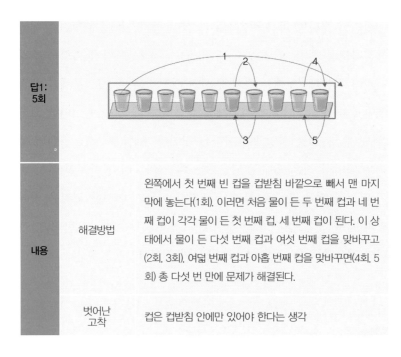
내용	해결방법	왼쪽에서 첫 번째 빈 컵을 컵받침 바깥으로 빼서 맨 마지막에 놓는다(1회). 이러면 처음 물이 든 두 번째 컵과 네 번째 컵이 각각 물이 든 첫 번째 컵, 세 번째 컵이 된다. 이 상태에서 물이 든 다섯 번째 컵과 여섯 번째 컵을 맞바꾸고(2회, 3회), 여덟 번째 컵과 아홉 번째 컵을 맞바꾸면(4회, 5회) 총 다섯 번 만에 문제가 해결된다.
	벗어난 고착	컵은 컵받침 안에만 있어야 한다는 생각

답2: 4회		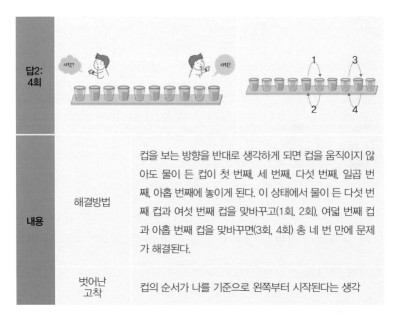
내용	해결방법	컵을 보는 방향을 반대로 생각하게 되면 컵을 움직이지 않아도 물이 든 컵이 첫 번째, 세 번째, 다섯 번째, 일곱 번째, 아홉 번째에 놓이게 된다. 이 상태에서 물이 든 다섯 번째 컵과 여섯 번째 컵을 맞바꾸고(1회, 2회), 여덟 번째 컵과 아홉 번째 컵을 맞바꾸면(3회, 4회) 총 네 번 만에 문제가 해결된다.
	벗어난 고착	컵의 순서가 나를 기준으로 왼쪽부터 시작된다는 생각

답3: 3회	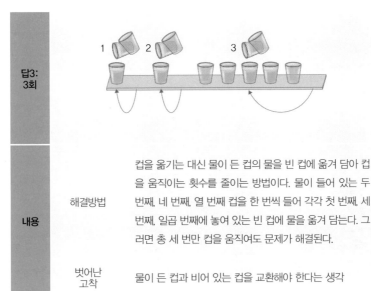	
내용	해결방법	컵을 옮기는 대신 물이 든 컵의 물을 빈 컵에 옮겨 담아 컵을 움직이는 횟수를 줄이는 방법이다. 물이 들어 있는 두 번째, 네 번째, 열 번째 컵을 한 번씩 들어 각각 첫 번째, 세 번째, 일곱 번째에 놓여 있는 빈 컵에 물을 옮겨 담는다. 그러면 총 세 번만 컵을 움직여도 문제가 해결된다.
	벗어난 고착	물이 든 컵과 비어 있는 컵을 교환해야 한다는 생각

답4: 2회	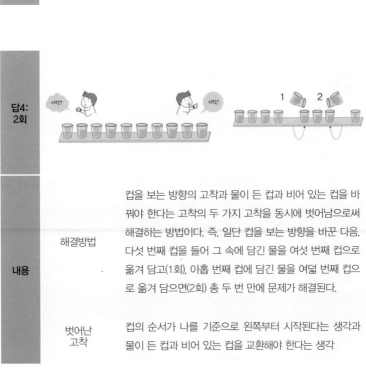	
내용	해결방법	컵을 보는 방향의 고착과 물이 든 컵과 비어 있는 컵을 바꿔야 한다는 고착의 두 가지 고착을 동시에 벗어남으로써 해결하는 방법이다. 즉, 일단 컵을 보는 방향을 바꾼 다음, 다섯 번째 컵을 들어 그 속에 담긴 물을 여섯 번째 컵으로 옮겨 담고(1회), 아홉 번째 컵에 담긴 물을 여덟 번째 컵으로 옮겨 담으면(2회) 총 두 번 만에 문제가 해결된다.
	벗어난 고착	컵의 순서가 나를 기준으로 왼쪽부터 시작된다는 생각과 물이 든 컵과 비어 있는 컵을 교환해야 한다는 생각

답5: 1회		
내용	해결방법	컵을 보는 방향의 고착과 물이 든 컵과 비어 있는 컵을 바꿔야 한다는 고착, 그리고 컵이 받침을 벗어나면 안 된다는 고착 등 세 가지 고착을 모두 벗어남으로써 해결하는 방법이다. 일단 컵을 보는 방향을 바꾼 다음, 다섯 번째 컵을 들어 그 속에 담긴 물을 여덟 번째 컵으로 옮겨 담은 후 그 컵을 받침 바깥으로 빼내어 맨 마지막에 놓는다(1회). 이러면 다섯 번째 컵이 없어지기 때문에 여섯 번째에 놓여 있던 빈 컵이 다섯 번째 컵이 되고, 물을 옮겨 담은 여덟 번째 컵이 일곱 번째 컵이 되어 단 한 번의 이동으로 문제가 해결된다.
	벗어난 고착	컵은 컵받침 안에만 있어야 한다는 생각과 컵의 순서가 나를 기준으로 왼쪽부터 시작된다는 생각, 그리고 물이 든 컵과 비어있는 컵을 교환해야 한다는 생각

　　참가자들에게 충분한 시간을 주고 문제를 해결하게 한 후, 각자 자신들이 해결한 답을 발표하는 시간을 갖게 한다. 발표가 끝난 후 강사는 다음과 같이 활동을 정리하는 시간을 갖는다.

활동 정리		어떤 고착이 있었나요? 1. 물컵 이동 범위 2. 물컵을 보는 방향 3. 물 붓기 4. 물컵을 보는 방향 + 물 붓기 5. 물컵을 보는 방향 + 물 붓기 + 물컵 이동 범위
내용	활동방법	물컵을 5회, 4회, 3회, 2회, 1회 이동하여 문제를 해결하는 방법을 차례대로 보여 주면서 그 답을 생각해 내려면 어떤 고착으로부터 벗어나야 하는지를 설명한다. 고착을 벗어남으로써 다양한 답이 가능하며, 이를 알아내기 위해서는 자신이 어떠한 고착에 걸려 있는지를 지속적으로 생각하는 습관이 필요함을 강조한다.
	활동목적	고착의 개념을 정리하고, 이를 평소에 인식하려는 습관이 필요함을 알도록 한다.

지금까지 우리는 '새롭지 않은 새로움'을 만나는 첫 번째 방법에 대해 알아보았다. '새롭지 않은 새로움'을 생각하기 힘든 이유는 그 새로움에 대한 지식이 없어서가 아니라, 우리의 고착이 새로운 생각을 방해하기 때문이다. 이러한 고착을 벗어날 수만 있다면 우리가 '새롭지 않은 새로움'을 만드는 일은 그리 어렵지 않을 것이다.

하지만 이처럼 문제해결 상황에서 고착을 인식하고 이를 극복하는 것이 말처럼 쉬운 일은 아니다. 우리의 사고는 신속한 문제해결을 위해 기존의 지식을 활용하려는 경향을 보이며, 이는 결국 다양한 생각을 제한하는 결과를 만든다. 따라서 다양하게 생각하라고 아무리 주문해도 우리는 다양하게 생각하지 않으며, 고정관념을 깨라고 아무리 말해도 우리는 전형적으로 사고한다. 우리가 지식을 사용하여 신속하게 문제를 해결하는 한 고착은 필연적일 수밖에 없는 것이다.

하지만 다양한 생각을 하지 못하고 지식과 경험을 사용해 전형적으로 사고하는 것이 반드시 극복되어야 할 문제일까? 창의라는 관점에서 보면 이러한 우리의 전형적인 사고가 새로운 생각을 방해하는 것이 사실이지만, 일반적으로 문제를 해결하는 대부분의 상황에서는 전형적인 사고만큼 효율적인 것이 없다는 사실을 잊지 말아야 한다. 현명한 사람이 되기 위해서는 지식과 경험을 잘 활용해야 한다고 말하지 않는가? 그런데 창의를 말할 때에는 과거의 경험과 지식을 버려야 한다고 말한다. 여기가 바로 우리가 혼란을 느끼는 지점이다. 지식을 사용하라는 것인가 아니면 버리라는 것인가?

우리가 평소에 경험과 지식을 사용하여 문제를 해결하는 것은 지극히 당연한 것이며 또한 그것이 현명한 것이다. 다만, 창의적인 사고가 필요한 시점이 있으며, 그때에는 새로운 생각을 방해하는 고착을 찾아보고 이를 극복하려는 노력을 할 필요가 있는 것이다. 창의적인 생각을 하는 사람들은 특별한 재능을 가진 사람들이 아니다. 전형적인 사고를 하는 우리 모두는 누구나 창의적인 생각을 할 수 있는 잠재력을 가지고 있다. 다만 고착으로 인해 그 잠재력이 발현되지 않는 것뿐이다.

창의를 강조하기 위해 새롭게 생각하는 것만이 가치 있다고 말하는 것은 우리의 창의적 잠재력을 깨우는 데 아무런 도움이 되지 못한다. 창의적인 성장을 위해 우리들에게 필요한 것은 아무 때나 새롭게 생각하는 것이 아니라, 우리 인간은 전형적이고 관습적으로 생각하는 존재라는 사실을 알고 그러한 효율성이 혹시 특정한 고착을 만들고 있는 것은 아닌지를 찾아보려 노력하는 습관인 것이다. 물론 이러한 습관이 항상 '새롭지 않은 새로움'을 만들지 못할 수도 있지만, 이러한 습관을 지니고 꾸준히 노력한다면 분명 '새롭지 않은 새로움'을 만들 수 있는 확률을 높일 수 있을 것이다. 물론 전형적인 사고에서 벗어나 보려는 노력은 인지적으로 피곤한 일임에 틀림없다. 하지만 창의적인 사람이 되기 위해서는 기꺼이 자신의 전형적인 사고에서 벗어나는 불편함을 감수하고 의식적으로 연습해야만 한다는 와이즈버그(2006)의 조언을 새겨들을 필요가 있다. 우연히 만들어지는 창의란 없는 것이다.

그렇다면 이미 형성된 고착을 인식하고 이를 다시 극복하는 것만이 새롭지 않은 새로움을 만드는 유일한 방법일까? 문제를 해결하기 위하여 관련 지식을 인출하기 위한 폴더에 접근할 때 처음부터 일반적인 사람들이 생각하기 어려운 새로운 폴더로 들어갈 수는 없을까? 만약 그럴 수 있다면 '새롭지 않은 새로움'을 조금 더 쉽게 만들 수 있지 않을까? 이제 '새롭지 않은 새로움'을 만드는 두 번째 방법을 만나 보기로 하자.

8.

새롭지 않은 새로움을 만나는 두 번째 방법:
인문학적 교양의 힘

이제 '새롭지 않은 새로움'을 만나는 두 번째 방법을 알아보자. '새로운 새로움'이란 전에는 그것을 몰랐었기 때문에 새롭다고 느끼는 창의인 데 반해, '새롭지 않은 새로움'은 모르지는 않았지만 쉽게 생각이 나지 않았기 때문에 새롭다고 생각하는 창의를 말한다. 7장에서 우리는 '새롭지 않은 새로움'을 만나기 위해서 우리의 지식과 경험이 만드는 고착을 인식하고 이를 극복하는 노력이 필요하다는 것을 알았다.

그러나 이미 형성된 고착을 인식하고 이를 다시 극복하는 그러한 과정만이 '새롭지 않은 새로움'을 만나는 유일한 방법은 아니다. 또 하나의 방법으로 문제를 해결하기 위하여 관련 지식을 활성화시킬 때, 처음부터 우리들이 습관적으로 활성화시키는 폴더가 아닌 전혀 새로운 폴더를 활성화시키는 방법이 있다. 그렇다면 새로운 폴더를 활성화시킨다는 것은 무슨 의미일까?

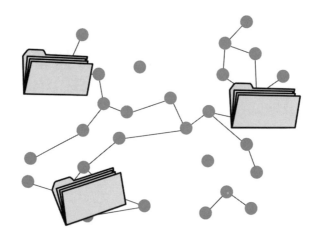

선택적 주의가 찾아내는 해결의 단서

5장에서 설명했던 것처럼, 해결해야 할 문제가 있을 때 우리는 가장 먼저 문제의 종류를 판단한다. 문제의 성격이 규정되어야만 어떠한 지식이 사용되어야 하는지를 결정할 수 있기 때문이다. 예를 들어, 'شكرا(슈크란)'이라는 문장을 보자. 이 문장은 아랍어로 '감사합니다'이다. 만약 우리가 아랍어를 접해 본 적이 없다면, 이 문장을 해석하기 위해 어떤 지식을 활성화시켜야 하는지를 전혀 판단할 수 없게 된다. 즉, 문제의 성격을 규정할 수 없기 때문에 더 이상 인지과정을 진행할 수 없는 것이다. 반면, '2+X=7'이라는 문제는 일차방정식을 배운 사람이라면 누구나 수학 문제라고 충분히 판단할 수 있다. 이렇게 판단을 하고 나면, 이제 머릿속에 저장되어 있는 수많은 지식 중에서 수학과 관련된 지식을 활성화시킬 수 있게 된다.

이처럼 문제의 성격을 규정하고 적절한 지식을 활성화시키는 과정은 컴퓨터에서 파일을 찾기 위해 폴더를 찾아가는 과정에 비유될 수 있다. 실제로 우리의 지식이 컴퓨터처럼 다양한 폴더에 나뉘어 저장되는 것은 아니지만, 컴퓨터에서 적절한 파일을 찾는 과정은 문제를 해결할 때 지식이 활성화되는 현상을 이해하는 데 직관적인 도움을 줄 수 있을 것이다.

'2+X=7'을 수학 문제라고 판단하면 우리는 수학과 관련된 지식이 모여 있는 폴더를 열게 된다. 이 문제는 수학 문제라고 판단되었기 때문에 수학 이외에 다른 폴더는 더 이상 활성화되지 않는다. '2+X=7'이라는 문제에는 숫자와 기호 이외에 X라는 영어가 있음에도 불구하고 이 문제를 해결하기 위해 우리가 영어 폴더를 열지 않는 이유는 무엇일까?

이는 인간이 문제를 해결할 때, 문제를 구성하는 자극들 중에서 문제 해결과 가장 관련이 높다고 생각하는 특정한 단서에 주의를 기울이기 때문이다. 이러한 '선택적 주의selective attention'는 우리가 문제를 해결하기 위해 어떠한 폴더를 여는가에 직접적인 영향을 미치게 된다. 따라서 다양한 답이 가능한 창의적 문제를 해결하는 경우, 선택적 주의는 도출되는 답의 성격과 내용을 결정하는 데 매우 중요한 역할을 하게 된다. 왜냐하면, 우리가 선택적으로 주의를 기울이는 단서에 따라 열리는 폴더가 달라지고, 우리의 답은 그 폴더 안에서만 만들어지기 때문이다.

이제 '사내 올림픽 게임'을 만드는 과정을 통해 어떠한 정보에 선택적으로 주의를 두는가에 따라 도출되는 결과가 어떻게 달라지는지 살펴보기로 하자.

A라는 회사에서는 사원들의 친목을 도모하기 위하여 체육관에 모여 다양한 게임을 하고 우승자에게는 열흘 동안 가족과 유럽 여행을 다녀올 수 있는 여행 상품권을 주는 단합대회를 열기로 했다. 이를 위해 회사의 사장은 일주일 간 시간을 주고 사원들에게 단합대회에서 진행할 '사내 올림픽 게임'을 만들라고 지시했다.

사원들이 만든 다양한 게임 중에는 다음과 같은 두 개의 게임이 있었다. 하나는 '종이컵 장애물을 쓰러뜨리지 않고 축구공을 발로 굴려서 반환점 돌아오기' 게임이고, 다른 하나는 '주사위를 던져서 나온 숫자가 적혀 있는 봉투를 열어 보너스 점수 획득하기' 게임이었다. 이 두 게임은 단합대회나 텔레비전에서 자주 접할 수 있는 게임으로 우리는 이 두 개의 게임이 본질적으로 큰 차이가 없다고 생각할 수도 있다.

하지만 이 두 게임은 서로 다른 폴더에서 만들어진 전혀 다른 성격의 게임이다. 따라서 이 두 게임이 어떤 과정을 통해 만들어졌는지를 알고 이 두 게임의 차이를 이해하는 것은 '새롭지 않은 새로움'을 만들기 위해 다른 폴더로 들어가야 한다는 말의 의미를 이해하는 데 도움을 줄 수 있을 것이다. 이제 이 두 게임이 만들어지는 과정을 살펴보기로 하자.

앞서 설명했듯이, 문제를 해결해야 하는 상황에서 우리는 가장 먼저 문제의 성격을 규정하게 되는데, 이때 문제의 성격을 규정하기 위해 우리는 제시되는 문제 상황에서 특별한 정보에 선택적인 주의를 기울이게 된다. 따라서 '사내 올림픽 게임'을 만들라는 사장의 요구를 듣는 순간 우리는 무엇인가에 선택적인 주의를 기울인다.

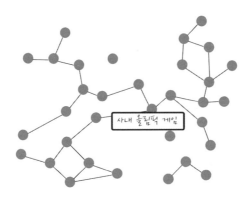

그렇다면 '종이컵 장애물을 쓰러뜨리지 않고 축구공을 발로 굴려서 반환점 돌아오기' 게임을 만든 사원은 어떤 정보에 선택적 주의를 기울인 것일까? 그는 '사내 올림픽 게임'이라는 말 중에서 '올림픽'이라는 단어에 집중했음이 틀림없다. 그가 '올림픽'이라는 단어에 집중하는 순간, 그는 머릿속에 저장되어 있는 '올림픽'과 관련되는 정보들을 떠올렸을 것이다.

그가 제일 먼저 떠올린 단어가 '양궁'이었다고 생각해 보자. '양궁'이라는 단어는 '금메달'이라는 단어를 떠올리게 했고, '금메달'다음에는 '연금'이라는 단어가 생각났다고 가정하자. 물론 지식의 관련성은 개인의 경험에 따라 다르게 형성되는 것이기 때문에 어째서 이 사람이 이러한 생각을 했는지는 알 수 없지만, 그래도 이 사람이 올림픽에서 양궁을 떠올리고 그다음에 금메달과 연금을 떠올린 개연성은 충분히 이해할 수 있을 것이다. 그리고 그가 다시 금메달에서 '승부'를 생각해 냈고 승부를 가르는 것은 실력이라는 생각에서 '실력'이라는 말도 연이어 생각났다고 해 보자.

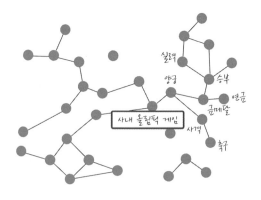

그가 이러한 단어들을 활성화시켰다면 그가 생각하는 게임은 분명 다양한 능력과 실력이 요구되는 게임이었을 것이다. 그가 생각하기에는 게임이란 경쟁을 통해 능력과 실력이 있는 사람이 승리하는 구조인 것이다. 때문에 그는 게임의 승패를 결정하는 요인으로 여러 가지 능력과 실력이 요구되는 그런 게임을 만들고자 했을 것이고, 따라서 '종이컵 장애물을 쓰러뜨리지 않고 축구공을 발로 굴려서 반환점 돌아오기'와 같은 속성의 게임이 만들어지게 된 것

이다.

단합대회에서 흔히 볼 수 있는 이 게임은 그다지 어렵지는 않지만, 그래도 게임에서 이기기 위해서는 여러 가지 능력과 실력이 요구된다. 축구공을 다루는 능력은 물론이고 종이컵을 쓰러뜨리지 않는 균형감각과 주의력 그리고 순발력이나 체력 등 다양한 능력과 실력이 갖추어져야 하는 것이다. 물론 이러한 능력들이 반드시 승리를 보장하는 것은 아니지만, 그럼에도 이러한 능력과 실력을 갖춘 사람이 게임에서 이길 확률이 높다.

결국 그가 '사내 올림픽 게임'이라는 조건에서 활성화시킨 폴더는 '경쟁과 능력'이라는 이름의 폴더였다. 게임이란 경쟁을 통해 승자와 패자가 갈리는 것이고 실력이 좋은 사람이 경쟁에서 승리하는 것은 당연하다고 생각하기 때문에, 그는 이 게임이 '사내 올림픽 게임'으로서 적합하다고 생각했을 것이다. 사내 단합대회 날, 이 게임을 하면서 게임이 자기에게 조금 어렵다고 생각하더라도 그래서 게임에서 지더라도 그 결과를 불만 없이 받아들인다면 우리들 역시 게임에서 이기는 사람은 능력과 실력을 갖춘 사람이어야 한다는 생각에 암묵적으로 동의하고 있는 것이다.

이처럼 '종이컵 장애물을 쓰러뜨리지 않고 축구공을 발로 굴려서 반환점 돌아오기' 게임은 '경쟁과 능력'이라고 이름 붙여질 수 있는 폴더에서 만들어지는 게임이라 할 수 있다.

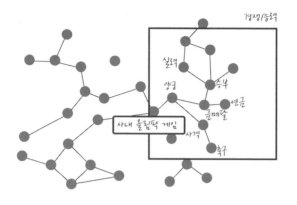

경쟁/능력

실력
양궁
승부
사내 올림픽 게임
금메달
연금
사격
축구

　그렇다면 이제 '주사위를 던져서 나온 숫자가 적혀 있는 봉투를 열어 보너스 점수 획득하기'라는 게임에 대해 생각해 보자. 이 게임 역시 '경쟁과 능력'이라는 폴더에서 만들어진 것일까? 사실 '경쟁과 능력'이라는 폴더에서 이 게임이 만들어졌을 확률은 거의 없다. 그 이유를 살펴보자.

　'사내 올림픽 게임'이라는 말에서 '올림픽'이라는 말에 집중했던 사원과는 다르게, 어떤 사원이 '사내'라는 말에 선택적 주의를 기울였다고 생각해 보자. '사내'라는 단어는 이 사람에게는 '가족'이라는 말을 떠올리게 했고, 이 말은 '화합'이라는 말과 연관 지어졌다고 하자. 이 게임이 실제 올림픽 게임이 아니라 회사에서 단합을 목적으로 하는 게임이기 때문에 이러한 연결도 충분히 그럴 듯해 보인다.

　그렇다면 이제 '화합'이라는 생각을 떠올린 이 사람은 게임에서 '상품'을 어떻게 주는 것이 좋다고 생각할까? 적어도 이 사람에게 있어 '상품'은 경쟁과 승부의 결과가 아닌 화합을 촉진하는 도구임에 틀림없다. 경쟁을 통해 화합을 이룬다는 말은 누구에게나 생소하게 들릴 것이기 때문에, 화합이라는 단어 바로 옆에 경쟁이 자리할 가능성은 거의 없다. 따라서 이 게임이 화합을 위한 것이라면 상품은 당연히 누구나 받을 가능성이 있어야 할 것이다.

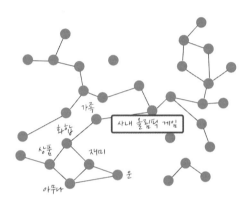

따라서 그 사원은 단합과 화합을 목적으로 하는 게임이라면 그 게임에서의 승패는 능력이나 실력에 의해 결정되어서는 안 된다고 생각할 것이다. 그것이 어떤 게임이라 하더라도 일단 특정한 능력이나 실력을 요구하는 게임이라면 그 능력을 가진 사람이 유리한 것은 자명한 일이다. 따라서 상품을 받을 기회가 동등해지려면 게임의 승패는 '실력이나 능력'이 아니라 '운'에 의해 결정되는 것이 가장 바람직하다고 생각할 것이다. 그래야 능력이 있는 사람이나 능력이 부족한 사람이나 모두가 즐겁게 게임에 참여할 수 있기 때

문이다.

이처럼 '사내 올림픽 게임'이라는 말에서 '사내'라는 말에 선택적인 주의를 기울이게 되면, 게임의 속성을 '경쟁과 능력'으로 규정한 사람과는 속성이 완전히 다른 게임을 만들게 될 것이다. '주사위를 던져서 나온 숫자가 적혀 있는 봉투를 열어 보너스 점수 획득하기' 게임은 바로 이러한 폴더를 활성화시켰을 때 만들어지는 게임인 것이다.

이 게임에서 이기고 지는 것을 결정하는 것은 무엇일까? 이 게임에서 이기기 위해 특별히 필요한 능력이 있을까? 주사위를 던져서 나오는 숫자로 봉투를 결정하는 것은 임의적인 것이며, 그 봉투 안에서 보너스 점수를 얼마나 받을 수 있느냐는 전적으로 운에 좌우된다 할 수 있다. 이러한 게임이 만들어지는 것은 이 사원의 게임을 보는 눈이 '경쟁과 능력'이라는 폴더가 아닌 '즐거움과 화합'이라는 폴더에 있기 때문인 것이다.

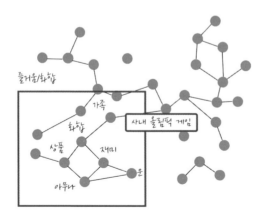

지금까지 살펴본 바와 같이 문제를 해결해야 하는 상황에서 상이한 정보에 선택적 주의를 기울이게 되면 상이한 폴더가 활성화되고, 그 결과 전혀 다른 속성의 결과물이 만들어지게 된다. 앞의 두 게임을 생각해 보면, '사내 올림픽 게임'을 만들어야 하는 상황에서 '올림픽'이라는 단어에 선택적 주의를 기울인 사람은 '경쟁과 능력'이라는 폴더를 활성화시키게 되고, '사내'라는 말에 선택적 주의를 기울인 사람은 '즐거움과 화합'이라는 폴더를 활성화시키게 되었다. 그리고 이 두 사원은 전혀 다른 속성의 다른 게임을 만들게 된 것이다.

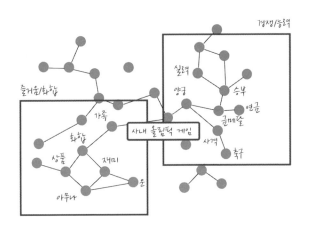

　　이 두 게임 중 어느 것이 창의적인 게임이냐는 것은 그리 중요한 문제가 아니다. 두 게임 모두 우리가 흔하게 접할 수 있는 게임이며, 창의에 대한 판단은 상황에 따라 달라질 수 있다. 중요한 것은 이처럼 동일한 문제 상황에서 속성이 완전히 상이한 게임이 만들

어질 수 있다는 사실이다. 그리고 이처럼 서로 다른 속성의 결과물이 만들어지는 이유가 서로 다른 폴더에 들어가서 게임을 생각했기 때문이라는 것을 이해하는 것이 중요한 것이다.

이제 1장에서 '새롭지 않은 새로움'의 예로 소개했던 '보행자를 위한 자동차의 에어백'을 살펴보면서 우리가 일반적으로 생각하지 못했던 다른 폴더에 들어가서 생각하면 어떤 결과가 만들어지는지에 대해 보다 자세히 살펴보기로 하자.

다른 폴더, 다른 생각

'새롭지 않은 새로움'의 예로 1장에서 소개했던 '보행자를 위한 자동차의 에어백'을 생각해 보자. 2012년 스웨덴의 자동차 회사인 볼보에서 선보인 보행자를 위한 에어백은 보행자가 자동차에 부딪혔을 때 보행자의 상해를 감소시키기 위해 자동차 전면 창유리에 에어백을 전개시키는 장치다.

보행자 보호 에어백

이러한 에어백을 '새롭지 않은 새로움'으로 분류한 이유는 에어백의 작동 원리와 기술은 새롭지 않은 것이었지만, 그 에어백을 차 외부에 장착시킨다는 생각은 쉽게 할 수 없는 것이기 때문이었다. 그렇다면 이런 생각은 어떻게 나오는 것일까? 이런 식의 새로운 생각이 만들어지는 과정을 밝히는 것은 가능할까? 앞서 살펴본 '사내 올림픽 게임'을 만드는 과정은, 우리가 쉽게 생각하지 못하는 특별하고 새로운 생각이 만들어지는 과정을 밝히는 데 중요한 단서를 제공한다.

　'사내 올림픽 게임'에서 게임을 만드는 경우를 생각해 보자. 게임을 만드는 과정에서 가장 먼저 일어나는 일은 어떤 정보에 선택적 주의를 기울이느냐는 것이었다. 그렇다면 '보행자를 위한 자동차의 에어백'의 경우, 이 제품을 만든 사람은 어떤 것에 선택적 주의를 기울였던 것일까? 아마도 이 사람은 '자동차의 안전'이라는 문제를 다루고 있었을 것이다. 자동차의 안전에 대한 문제는 자동차를 만드는 사람이 고려해야 할 가장 중요한 문제 중 하나이기 때문이다.

　이제 이 사람에게 '자동차의 안전'이라는 과제가 주어졌다고 하자. 일단 '자동차의 안전'이라는 말은 조금은 추상적이기 때문에, 이 사람은 '안전'이라는 말을 보다 구체적으로 생각하기 시작했을 것이다. 그래서 그는 무엇을 떠올렸을까? 당연히 '운전자'라는 단어가 떠올랐을 것이다. 자동차를 만드는 사람의 입장에서 자동차의 안전과 운전자의 연결은 지극히 자연스럽다. 자동차가 충돌했을 때 운전자가 안전하다면 그 차는 판매가 잘될 것이고, 따라서 운전자의 안전에 신경을 더 쓰면 쓸수록 자동차는 더 잘 팔릴 것이기 때문이다.

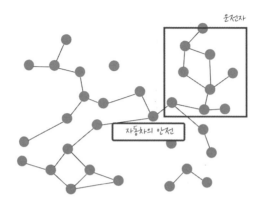

이처럼 '자동차의 안전'이라는 상황에서, 운전자의 안전을 생각했다면 그 폴더 안에서 다양한 생각이 만들어질 수 있을 것이다. 운전자가 조는 것이 감지되면 경고음이 울리는 졸음방지 경고 시스템이라든가, 네비게이션을 보기 위해 시선을 전면에서 네비게이션으로 이동하는 것을 막기 위해 전면 유리창에 네비게이션을 장착하는 헤드업 디스플레이라든가, 차선을 이탈했을 때 경보음을 울려주는 차선이탈 경보 시스템과 같은 장치는 모두 '운전자의 안전'이라는 폴더에서 만들어진 아이디어들이다.

그렇다면 '보행자를 위한 자동차의 에어백'도 '운전자의 안전'이라는 폴더에서 나온 것일까? 아무리 생각해 봐도 '보행자를 위한 자동차의 에어백'은 '운전자의 안전'과는 관계가 없어 보인다. '보행자를 위한 자동차의 에어백'은 말 그대로 '보행자의 안전'과 관련된 제품인 것이다. 따라서 '보행자를 위한 자동차의 에어백'은 '운전자의 안전'이라는 폴더가 아닌 '보행자의 안전'이라는 폴더에서 나온 것이라고 추론할 수 있다.

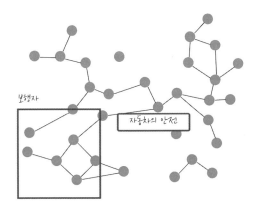

이 사람은 어떻게 '운전자의 안전'이라는 폴더가 아닌, '보행자의 안전'이라는 폴더를 활성화시킬 수 있었을까? '자동차의 안전'을 생각하면서 운전자의 안전이 아닌 보행자의 안전을 생각한다는 것은 상식적으로 이해가 잘 되지 않는다. 자동차를 만드는 회사는 이윤을 추구하는 기업이고, 자동차를 판매하기 위해서는 당연히 자동차 값을 지불하는 운전자의 안전을 지킬 수 있는 기술과 제품을 만들어야 할 것이다. 보행자의 안전은 자동차의 판매와는 전혀 관계가 없기 때문에, 자동차의 판매를 생각한다면 '운전자의 안전'이 아닌 '보행자의 안전'을 고려하는 것은 아무런 의미가 없어 보이기까지 하는 것이다.

그렇다면 자동차의 안전을 생각할 때 우리가 굳이 '보행자의 안전'이라는 폴더에 들어갈 필요가 있을까라는 질문을 할 수 있다. '보행자의 안전'을 생각하는 것은 자동차를 판매하는 데 직접적인 영향을 미치지 않을지도 모르는데 말이다. 맞는 말이다. 그리고 우리들 대부분이 그런 생각을 하기 때문에 '보행자의 안전'이라는 폴더는 활성화되기 힘든 것이다.

그럼에도 불구하고 우리가 새로운 무언가를 만들고 싶다면 일반적으로 생각하지 않는 폴더를 활성화시키는 것은 필수적이다. 남들이 보편적으로 생각하지 못하는 폴더에 들어가야만 남들과는 다른 새로운 생각이 만들어질 수 있기 때문이다. 물론 그 폴더에서 만들어지는 생각이 가시적인 이윤을 창출하지 못할지도 모른다. 하지만 분명한 것은 새로운 폴더에서 만들어지는 것은 우리가 지금껏 생각하지 못했던 새로운 것이라는 사실이다.

만약 그 폴더에서 만들어지는 새로운 것이 지금까지 우리가 인지하지 못했던 가치를 지닌 것이라면 궁극적으로는 그러한 새로움은 우리가 상상할 수 없었던 엄청난 이윤을 창출할 수도 있을 것이다. 이처럼 새로운 폴더에서 만들어진 무언가가 가치를 인정받고 이윤을 창출하게 된다면, 새로운 폴더에 들어가는 일의 중요성은 결코 간과될 수 없다.

이제 우리도 한 번 '운전자의 안전'이 아닌 '보행자의 안전'이라는 폴더에 들어가 새로운 자동차를 만들어 보자. 새로운 폴더에 들어가면 어떤 생각이 만들어지는지를 경험해 보는 것이다.

'자동차의 소음'이라는 문제를 '보행자의 안전'이라는 폴더에 들어가 생각해 보자. 자동차의 소음은 큰 것이 좋을까 아니면 조용한 것이 좋을까? 만약 자동차가 조용한 것이 좋다고 생각했다면, 이는 운전자의 입장에서 생각한 것이다. 보행자의 입장에서도 조용한 것이 좋다고 생각할 수도 있겠지만, '보행자의 안전'을 염두에 둔다면 절대 그렇지 않다. 자동차가 너무 조용히 달리면 보행자가 위험할

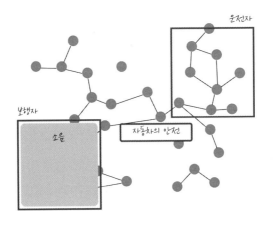

운전자

보행자

소음

자동차의 안전

수 있기 때문이다.

요즘 하이브리드 자동차라든가 전기자동차가 출시되기 시작하면서 자동차의 소음 문제는 중요한 관심사가 되었다. 자동차의 소음과 관련하여 지금까지 우리가 관심을 두었던 것은 어떻게 하면 소음을 줄이느냐의 문제였다. 하지만 전기자동차나 전기자동차 모드로 주행할 수 있는 하이브리드 자동차의 경우는 사정이 다르다. 이들은 오히려 너무 조용해서 차가 가까이 다가와도 보행자가 이를 눈치 채지 못해 자칫 사고로 이어질 수 있다는 것이 문제가 된 것이다. 따라서 이를 방지하기 위해 가상엔진 사운드 시스템이 개발되었다. 범퍼에 스피커를 부착하여 전기자동차나 하이브리드 자동차 특유의 소음을 증폭시켜 보행자에게 차가 오고 있다는 것을 알려 주는 것이다. 앞으로는 전기자동차나 하이브리드 자동차가 더 많아질 것으로 예상되기 때문에 이러한 가상엔진 사운드 시스템을 법적으로 의무화하려는 국가들이 점점 증가하고 있는 실정이다. 어떤가? 자동차의 소음이라는 문제를 운전자의 입장에서 생각할 때와 보행자의 입장에서 생각할 때 그 결과물은 확연히 다르지 않은가?

그렇다면 이제 '보행자의 안전'이라는 폴더에서 또 다른 새로운 무언가를 만들어 보자. 계속해서 소음의 문제를 이어 가 보자. 자동차가 너무 조용해서 지나가는 사람이 소리를 들을 수가 없어서 가상엔진 사운드 시스템을 장착하였다. 그렇다면 이제 소음과 관련된 새로운 아이디어는 더 이상 필요 없는 것일까? 가상엔진으로 적절한 소음을 발생시키면 모든 보행자가 자동차가 가까이 온다는 사실을 알 수 있을까?

그렇지 않다는 것을 쉽게 생각할 수 있을 것이다. 생각이 여기까지 미쳤다면, '청각장애자'라든가 '이어폰'을 착용한 사람 등 소리를 들을 수 없는 사람이 있을 수 있다는 것을 생각하는 것은 그리 어려운 일이 아닐 것이다. 그렇다면 이들에게 자동차가 접근하고 있다는 경고를 어떻게 전달할 수 있을까? 청각이 기능하지 못한다면 시각을 생각하는 것도 하나의 방법일 것이다. 예를 들어, 보행자가 일정 소음에도 반응하지 않는 것이 감지되면 자동차의 전면에서 램프의 요정 모습의 홀로그램이 튀어나와 보행자에게 길을 비키라고 손짓해 주는 장치를 만들 수도 있지 않을까? 후각을 이용하는 것은 또 어떨까? 자동차가 가까이 다가오면 자동차의 접근을 알려 주는 표준화된 냄새를 맡도록 할 수 있지 않을까? 허무맹랑한 생각일 수도 있지만 이러한 생각은 분명 '보행자의 안전'이라는 폴더에서 생각하지 않으면 만들어질 수 없는 새로운 생각임에 틀림없다.

우리가 계속해서 '운전자의 안전'이라는 폴더에서만 생각한다면 만들어지기 힘든 생각인 것이다.

물론 새로운 폴더에서 만들어지는 생각만이 가치가 있는 것은 아니다. '보행자의 안전'도 '운전자의 안전'도 모두 중요하다. 앞서 설명한 것처럼, 자동차의 안전을 위해 개발된 졸음방지 경고 시스템이라든가 헤드업 디스플레이 혹은 차선이탈 경보 시스템과 같은 장치 역시 가치 있는 아이디어임에 틀림없다. 하지만 자동차를 만드는 사람들의 대부분은 '운전자의 안전'이라는 폴더를 활성화시키기 때문에 이러한 아이디어는 기술의 발달과 함께 충분히 예측될 수 있는 것들이다. 하지만 '보행자의 안전'이라는 폴더는 예측 가능한 기술의 진보를 넘어 우리가 예측할 수 없었던 창의적 진보를 가져다준다. 우리에게 익숙한 가치를 넘어 또 다른 가치를 만들기 위해서는 새로운 폴더를 열어야만 하는 것이다.

새로운 폴더를 여는 열쇠: 인문학적 교양

그렇다면 우리에게 익숙하지 않은 새로운 폴더에 들어가는 특별한 방법이 있을까? 새로운 폴더에 들어가서 생각하면 새로운 생각이 만들어진다는 이유로 그저 새로운 폴더에 들어가서 생각해 보라는 제안은 무책임한 권유일 뿐이다. 앞서 '사내 올림픽 게임'을 만드는 과정에서 살펴본 것처럼, 새로운 폴더에 접근하기 위해서는 문제에 제시된 다양한 정보들에 주의를 기울이고 집중해야만 한다. 그렇다면 다양한 폴더를 열기 위해 문제의 다양한 정보들 모두에 주의를 기울이면 되지 않을까? 물론 이론적으로는 가능하지만, 실제로 문제를 해결하는 상황에서 다양한 폴더를 활성화시키기 위해 모든 정보에 주의를 기울이는 일은 거의 일어나지 않는다.

4장에서 살펴본 것처럼, 우리는 기본적으로 문제를 해결할 때 하향처리과정을 선호하고 이를 통해 어느 정도 만족스러운 결과를 얻으면 문제의 해결을 종결하는 경향이 있다는 것을 이해한다면 다양한 폴더를 여는 일이 말처럼 쉽지 않다는 것을 쉽게 이해할 수 있을 것이다. 따라서 문제 상황에서 새로운 폴더를 열기 위해서는 그 폴더에 접근할 수 있는 단서를 발견할 수 있는 눈을 가져야만 한다. 그렇다면 그러한 눈을 갖는 데 필요한 것은 무엇일까? 이에 대한 해답을 스티브 잡스Steve Jobs(1955~2011)를 통해 찾아보기로 하자.

이제는 고인이 되었지만 누구도 부정하지 못할 21세기를 선도했던 창의적인 인물 중 하나인 스티브 잡스는 새로운 폴더에 들어가면 어떠한 일이 벌어지는가를 가장 드라마틱하게 보여 준 사람이었을 것이다. 그의 삶과 그의 업적에 대한 평가는 앞으로 계속해서 진행되겠지만, 나는 그가 만든 모든 것이 새로운 폴더에서 만들어진 것이라는 믿음이 있다. 그가 만들었던 혹은 제안했던 모든 것은 같은 폴더에서 만들어진 아이디어임을 확신할 수 있는 일관성이 있기 때문이다.

다음의 사진은 아이패드를 출시할 때 제품을 설명하던 스티브

잡스의 모습이다. 아이패드를 소개하는 자리에서 스티브 잡스의 마지막 슬라이드는 '과학기술technology'로 가는 길과 '인문학liberal arts'으로 가는 길의 교차점이었다. 그 아래에서 그는 의미심장한 말을 전한다.

"우리는 언제나 과학기술과 인문학의 교차점에 서려고 노력했습니다. 이는 이 두 가지로부터 최고의 장점들을 얻기 위함이었습니다. 과학기술의 관점에서 보자면 가장 진보한 제품을 만드는 것이 중요했지만, 동시에 직관적이고, 사용하기 쉽고, 사용하는 데 즐거운 그러한 제품을 만들고자 했습니다. 그래야만 그것이 사용자에게 진정으로 적합한 제품이 되는 것이니까요. 사용자가 제품으로 다가오게 해서는 안 됩니다. 제품이 사용자에게 다가가야 하는 것입니다." ("We've always tried to be at the intersection of technology and liberal arts, to be able to get the best of both, to make extremely advanced products from a technology point of view, but also have them be intuitive, easy to use, fun to use, so that they really fit the users — the users don't have to come to them, they come to the user.") (2010년 1월, iPad 제품설명회에서)

과학기술과 인문학이 만나는 지점! 그는 기회가 있을 때마다 과학기술만으로는 창의에 한계가 있음을 역설해 왔다. 2005년 스탠퍼드 대학 졸업식 연설에서 그는 자신이 다녔던 리드 대학에서 받았던 서체에 대한 감동이 애플의 컴퓨터에서 구현되는 타이포그래피typography의 원천이었다고 말한다. 당시 리드 대학은 뛰어난 서체 교육을 하고 있었고, 그는 학교 곳곳에 붙어 있는 포스터라든가 서랍에 붙은 상표들의 아름다운 서체들에 감명을 받았다고 한다. 그러한 서체들을 보면서 아름다움을 만들어 내는 것이 단순히 과학적인 사고가 아니라 유서 깊은 전통과 문화라는 것을 깨달았다는 것이다. 그는 서체의 아름다움에 심취했고, 이에 대한 수업을 듣기 시작했다. 스티브 잡스는 이러한 인문학적 교양이 컴퓨터의 다양한 서체를 만들고자 했던 원인이 되었다고 말한다. "사실 이것이 제 인생에 실제로 어떤 도움이 될지는 상상도 못했습니다. 그러나 10년 후, 우리가 매킨토시 컴퓨터를 처음 구상할 때 리드 대학 시절의 서체를 경험했던 기억이 떠올랐죠. 우리는 맥 안에 이 모든 것을 디자인해 넣었습니다. 맥은 아름다운 타이포그래피를 지원하는 첫 번째 컴퓨터가 되었죠. 만약 제가 그때 서체 수업을 듣지 않았다면, 맥은 여러 가지 다양한 폰트를 지원하지 못했을 겁니다. 맥을 따라한 윈도우도 그런 기능이 없었을 테고, 어쩌면 개인용 컴퓨터가 지금처럼 다양하고 아름다운 서체를 가지지 못했을 수도 있습니다."

이처럼 스티브 잡스는 언제나 인문학을 강조했었다. 그는 어째서 그렇게 인문학을 강조했던 것일까? 인문학이 정말 창의를 만드는 힘을 갖는 것일까? 스티브 잡스의 서체에 대한 말을 생각해 보자. 스티브 잡스는 왜 다양한 서체를 컴퓨터에 넣으려 했던 것일까? 스티브 잡스가 컴퓨터를 만들기 시작했을 시기의 컴퓨터의 용도를 생각해 보면 컴퓨터에 다양한 서체를 구현하려는 이유가 쉽게 이해되지 않는다.

당시 컴퓨터의 주된 기능은 빠른 속도의 계산이었다. 그런 상황에서 수학방정식의 답을 획의 끝에 돌출 부분이 있는 '세리프체'로 보여 주건 돌출 부분이 없는 '산세리프체'로 보여 주건 무슨 차이가 있겠는가? 경쟁력 있는 컴퓨터를 만들기 위해 시간과 자본을 투자해야 하는 우선순위에서 서체가 앞쪽에 있지는 않았을 것이다.

그럼에도 불구하고 스티브 잡스는 무슨 이유로 컴퓨터에 다양한 서체를 구현하려 했던 것일까? 어쩌면 스티브 잡스는 자신이 만들어야 하는 컴퓨터를 우리들이 생각하는 폴더가 아닌 전혀 새로운 폴더에서 바라보고 있었는지도 모른다. 일반적으로 우리가 생각하는 컴퓨터는 빠르고 정확하며 유용한 기계였던 반면에, 그가 생각하는 컴퓨터는 우리와 대화하고 우리와 호흡하는 또 하나의 존재가 아니었을까?

물론 이런 생각은 어쩌면 이미 만들어진 산물에 대해 그럴듯하게 해석을 붙이는, 즉 '사후해석'일 뿐이라는 혐의를 받을 수도 있고, 스티브 잡스의 인문학에 대한 강조가 고도의 상술일 수도 있다는 비판이 있는 것도 사실이다. 그럼에도 불구하고 새로운 폴더를 여는 열쇠로서의 인문학적 교양의 가능성은 열어 두어야 할 것이다.

인문학적 교양이란 단순히 과학과 대비되는 문과적인 지식을 의미하는 것이 아니다. 인문학이란 우리가 무엇을 해야 하고 또 그것을 어떻게 해야 하는가에 대한 고민의 답을 제시하는 학문이다. 따라서 인문학적 교양을 갖춘 사람이라면 자신이 하는 일의 의미에 대해 끊임없이 고민하게 될 것이다. 교육을 하는 사람이라면 자신이 무엇을 위해 가르쳐야 하는지를 고민할 것이고, 과자를 만드는 사람이라면 자신이 만드는 과자의 의미에 대해 고민할 것이다. 자신이 하는 일이 단지 이윤을 남기고 자신의 행복을 위한 것이라고 규정할 때와, 교육은 인류의 발전을 위해 기능해야 하고 과자는 사람에게 건강과 즐거움을 전해 주는 기능을 해야 한다고 규정할 때, 그 이후에 각각의 경우가 만들어 내는 결과는 완전히 상이할 것이다.

우리가 새로운 생각을 하기 힘든 이유는 우리들 모두가 비슷한 생각을 하고 비슷한 폴더에 들어가기 때문이다. 그리고 우리가 여는 폴더는 대개 감각적이고 직관적인 우리의 욕구에 의지한다. 인문학적 교양은 우리의 이러한 본능적인 욕구에 저항하고 보다 의미 있는 폴더를 열 수 있는 눈을 만들어 줄 것이다. 결국 인문학적 교양은 우리가 쉽게 보지 못하던 새롭고 의미 있는 폴더로 접근하는 훌륭한 열쇠인 것이다.

9.
창의를 만드는
네 가지 비법

이 책에서 나는 창의적이라고 이름 붙여지는 수많은 아이디어나 물건들이 '새로운 새로움'과 '새롭지 않은 새로움'으로 분류된다는 것과, 이 두 종류의 새로움이 각각 다른 과정을 통해 만들어진다는 것을 말하고자 했다. '새로운 새로움'의 창의는 그 분야의 전문성을 바탕으로 일반적인 인지과정을 통해 만들어지는 것이고, '새롭지 않은 새로움'의 창의는 지식과 경험이 만드는 고착을 벗어나거나 새로운 폴더에 들어감으로써 만들어진다고 나는 믿는다.

이러한 두 종류의 새로움은 인류의 역사 발전에 기여해 왔고, 우리의 미래 역시 이러한 새로움을 기반으로 발전하고 진보될 것이다. 인류의 역사를 발전시켜 온 수많은 동력들 중에서 결코 가볍지 않은 역할을 해 왔다는 점에서, 창의는 분명 매력적이다. 하지만 그것보다 더 매력적인 것은 아마도 창의의 특별함이 평범함으로부터 만들어진다는 데 있을 것이다. 창의가 특별한 천재의 전유물이 아니라 평범한 우리 모두에게 열려 있다는 점, 그것이 바로 창의의 가장 큰 매력일 것이다.

어느 순간 갑자기 찾아오는 창의란 없다. 창의는 10년 이상 그리고 2만 시간 이상의 땀과 노력으로 만들어지는 지극히 상식적인 결과인 것이다. 하지만 그저 10년을 버틴다고 모두가 창의적이 되는 것은 아니다. 이제 그 10년 동안 무엇을 어떻게 해야 하는지에 대한 네 가지 방법을 정리하고자 한다. 이것들이 우리의 기나긴 여정에 작지만 유용한 표지판이 되길 바란다.

촘촘한 지식의 구조를 갖자!

타고난 능력의 천재가 어느 순간 "아하!"라고 외치며 순식간에 만들어 내는 것이 창의라면, 창의는 타고난 천재들만의 전유물일 것이다. 떨어지는 사과 열매를 보고 만유인력을 알아내고 주전자 뚜껑이 움직이는 것을 보고 증기기관을 만들어 내는 일은 우리에겐 말 그대로 꿈같은 일일 것이다.

하지만 다행스러운 것은 창의를 만드는 사람이 천재가 아닌 전문가라는 사실이다. 지금까지 살펴본 것처럼, 창의는 재능이나 행운의 산물이 아니라 10년 이상의 노력으로 만들어진 전문성의 결과인 것이다. 그렇다면 우리가 고민해야 할 것은 우리에게 잠재되어 있을지도 모르는 재능을 어떻게 찾아낼 것이냐가 아니라, 전문가가 되기 위해서 무엇을 어떻게 해야 할 것인가의 문제인 것이다. 자신의 분야에서 10년 이상 2만 시간 이상 노력하기만 하면 누구나 전문가가 될 수 있을까? 전문가가 되는 데 10년 이상의 시간이 필요한 것은 사실이지만, 10년이라는 시간이 반드시 전문성을 보장하는 것은 아니다.

그렇다면 10년을 어떻게 보내야 전문가가 될 수 있을까? 도대체 전문가란 어떤 사람인가? 전문가와 전문성에 대한 수많은 연구는 전문가의 특징을 그들이 소유한 지식의 구조에서 찾는다. 전문가의 특징은 '구조적 유사성으로 조직화된 지식의 구조'라는 말로 요약될 수 있다. 전문가라는 칭호를 받기 위해서는 반드시 체계적으로 조직화된 좋은 지식의 구조를 갖추어야 한다. 전문가와 초보자가 구별되는 지점이 바로 그 분야에 대한 지식의 구조인 것이다(Glaser & Chi, 1988).

전문가가 초보자에 비해 훨씬 많은 지식을 소유한다는 것은 당연한 사실이다. 하지만 전문가와 초보자의 진정한 차이는 지식의 양에 있는 것이 아니라 지식의 구조에 있다. 초보자의 지식구조는 단절적인데 반해, 전문가는 체계적으로 조직화된 지식구조를 갖는다(Sternberg, 2003). 이들은 방대한 양의 지식을 소유하고 그러한 지식이 사용되는 과정을 자동화시킴으로써, 즉 일련의 단계를 의식적인 통제를 거의 필요로 하지 않는 통합된 루틴으로 만들어서 문제를 효율적이고 정확하게 해결하는데(Frensch & Sternberg, 1989), 지식을 체계적으로 구조화시켜 저장하는 것은 이러한 루틴을 만드는 기초가 된다.

우리의 지식은 그 지식의 유사성에 따라 조직화되는데, 초보자의 경우는 '표면적 유사성'에 따라 조직되는 반면, 전문가의 경우

'구조적 유사성'에 따라 조직된다. 표면적으로 유사해 보이는 지식은 문제의 해결에 결정적인 도움이 되지 않을 때가 많으며 때로는 오류를 만드는 원인이 되기도 한다. 5장에서 살펴보았던 박테리아를 배양하는 문제의 경우, 이 문제를 수학에서의 방정식 문제라고 판단한 사람은 제시된 문제와 개인의 과거 경험 간의 표면적 유사성을 근거로 잘못된 판단을 하고 있는 것이다.

지식이 표면적 유사성을 기초로 저장되어 있는가 아니면 구조적 유사성을 기초로 저장되어 있는가는 문제로부터 어떠한 답을 만들어 내는가에 결정적인 역할을 한다. 전문가와 초보자를 대상으로 한 세트의 물리학 문제를 제시하고 유사한 문제라고 생각하는 문제끼리 분류하라고 요구한 실험에서, 초보자들은 스프링이나 경사면 혹은 진자와 같은 동일한 종류의 대상이 있는 문제들을 함께 묶은 반면 전문가들은 문제에 포함된 대상의 유사성보다는 뉴턴의 제2법칙과 같은 동일한 원리가 사용되어야 하는 문제들을 함께 묶었다(Chi, Feltovich, & Glaser, 1981). 즉, 전문가들은 대상의 표면적 유사성이 아닌 기본 개념을 바라봤던 것이다.

물론 전문가 수준의 체계화된 지식을 갖추는 일이 쉬운 것은 아니다. 하지만 전문성과 지식을 연구하는 많은 학자는 연습과 노력을 통해 누구나 전문가 수준의 지식구조를 가질 수 있다고 단언한다(예를 들어, Ericsson & Smith, 1991; Weisberg, 2006). 물론 이것이 쉽지는 않겠지만 결코 불가능한 일은 아닌 것이다. 그렇다면 우리는 구체적으로 어떠한 연습과 노력을 해야 하는 것일까?

일단 전문가로 가는 시작은 우리의 머릿속에 저장되는 지식을 유의미하게 연결하는 습관을 기르는 일이다. 결국 전문가로 가는 길이란 지식과 지식 그리고 개념과 개념이 정확하고 촘촘하게 연결되는 지식의 구조를 만들어 가는 과정이기 때문이다. 학습된 지식이 기존의 지식 혹은 개념과 연결되지 못하고 독립적으로 존재하게 된다면, 단기적으로는 그 지식을 인출하는 데 지장이 없을지라도 그 지식을 오랫동안 저장하는 것은 결코 쉽지 않다. 새로운 정보를 기존의 정보와 연결시키는 것을 공고화 혹은 응고 consolidation라고 하는데, 정보가 오랫동안 기억되기 위해서는 기억의 공고화가 필수적이라는 것은 학습을 연구하는 학자들에 의해 꾸준히 증명되어 온 학습의 원리다(Squire, 1986). 따라서 무엇을 학습하든지 간에 학습된 지식이 독립적으로 저장되어서는 안 된다.

지식이 서로 연결되기 위해서는 새로운 지식이 유입되는 순간 그 지식이 연결될 수 있는 기존의 지식이 활성화되어야만 한다. 만약 유입되는 지식이 연결될 수 있는 기존의 지식이 활성화되지 않는다면 새로운 지식은 어쩔 수 없이 독립적으로 저장될 수밖에 없을 것이다. 따라서 좋은 지식의 구조를 갖기 위해서는 새로운 지식을 저장할 때 관련되는 기존 지식을 활성화시키는 습관이 필요하다.

때때로 아이들이 기억이 잘되는 암기법을 배워 와 이를 사용하여 지식을 저장하는 경우가 있다. 흔히 비법이라 불리는 이러한 지식들은 대부분 기존의 지식과 구조적 유사성을 갖지 않고 개별적이고 독립적으로 저장된다. 이러한 지식은 단기적으로는 저장과 인출이 매우 용이하지만, 장기적으로는 아이들에게 매우 좋지 않은 영향을 미치게 된다. 즉, 이런 식으로 지식을 학습하는 아이들은 새로운 지식을 저장하는 데 기존의 지식과 연결이 필요하다는 사실을 깨닫지 못하게 되는 것이다. 비법이라 불리는 이러한 학습법이 위험한 이유는 아이들에게 지식을 관리하고 운영하는 기술을 연습할 수 있는 기회를 박탈하기 때문이다. 따라서 이런 식의 비법에 익숙해진 아이들은 지식을 구조적으로 연결하는 습관을 갖지 못하게 되며, 결국은 전문가의 지위에 오를 수 없게 된다. 특히 지식을 처음 배우기 시작하는 어린아이들에게 결정적으로 필요한 것은 지금 습득하는 지식의 양이 아니라 지식을 관리하는 기술이다.

이처럼 지식을 연결시키는 습관을 기르는 것은 생각보다 어렵지 않다. 가장 손쉬우면서도 효과적인 방법은 부모와 아이들이 많은 대화를 하는 것이다. 아이들은 하나의 주제로 1분 이상 대화하는 것을 어려워할 때가 종종 있다. 부모들은 아이들이 아직 어려서 하나의 주제에 집중을 못하기 때문이라고 생각할 수도 있다. 하지만 하나의 주제로 오랫동안 대화하지 못하는 이유의 대부분은 아직 그 주제와 관련된 지식이 체계적으로 연계되어 조직되지 못했기 때문이다. 부모와 아이의 대화는 아이가 자신의 지식구조를 연결하는 습관을 만들어 주는 가장 쉬우면서도 효과적인 방법이다.

이때 주의할 점은, '왜?'라는 질문은 가급적이면 아이가 해서는 안 된다는 사실이다. '왜?'라는 질문을 자주 하는 아이의 부모는 아이가 호기심이 많다고 생각하는 경향이 있다. 물론 '왜?'라는 질문은 호기심 때문에 나오는 것이다. 그리고 호기심이 많은 것은 좋은 일임에 틀림없다. 하지만 지식을 체계적으로 조직하는 연습을 시작하는 나이에 보다 필요한 것은 '왜?'라고 묻는 것이 아니라, '왜?'라는 질문에 대답하는 것이다. '왜?'라는 질문에 대답하면서 아이는 자신의 지식구조를 연결시키는 습관을 기르게 되는 것이다.

아이와 함께 하는 여행 또한 지식을 조직화하는 습관을 만드는 좋은 기회가 될 수 있다. 지식을 체계적으로 조직화시킬 수 있는 기회는 새로운 지식이 유입될 때 만들어진다는 것을 생각해 보면, 아이와의 여행이 아이에게 지식을 조직화할 수 있는 연습의 기회를 얼마나 풍부하게 제공할 것인지는 어렵지 않게 짐작할 수 있을 것이다. 여행을 하면서 다양한 경험을 하고 새로운 지식을 습득하는 것도 좋은 일임에 틀림없지만, 여행이 필요한 진짜 이유는 새로운 지식이 기존의 지식과 연결되는 과정을 보다 생생하게 체험할 수 있기 때문이다.

학교나 가정에서 경험하는 자극들은 어느 정도 시간이 지나면 곧 익숙해진다. 따라서 자극을 받았을 때 그 자극을 기존의 지식과 연결시킬 수 있는 연습의 기회가 점차 줄어든다. 이런 상황에서의 여행은 익숙한 자극들이 아닌 새로운 자극이 유입될 수 있는 기회를 증가시킨다. 더욱이 여행에서 겪게 되는 새로운 자극들은 대부분 해결해야 할 문제의 형태로 제시되기 때문에, 무시하거나 지나칠 가능성이 줄어든다. 예를 들어, 호텔에서 받은 열쇠가 자기가 집에서 사용하는 열쇠와 완전히 다른 형태라면, 아이는 그 열쇠를 사용하기 위해 기존에 자기가 가지고 있는 문을 여는 다양한 지식을 적극적으로 활성화시킬 수밖에 없으며, 이러한 경험은 새로운 지식과 기존의 지식이 연계되는 습관을 만드는 데 매우 효과적으로 기능하게 되는 것이다.

학교에서 학습 후에 체험활동의 장소로 관련 박물관을 가는 것 역시 같은 이유 때문이다. 체험활동의 미덕은 새로운 자극이 유입될 수 있는 확률을 높여 주고 그러한 자극이 기존의 지식과 연계되는 습관을 만드는 데 효과적이라는 데 있다. 박물관은 이러한 목적을 이룰 수 있는 가장 좋은 장소다. 일단, 유입되는 자극이 기존의 지식과 연계되기 위해서는 기존에 가진 지식으로 새롭게 유입되는 지식이 이해되어야 한다. 보통 학교에서는 교육과정을 가르친 후에 체험학습으로 그 학습 내용과 관련된 박물관에 가게 되는데, 이때 학생들은 학교에서 배운 기존의 지식에 박물관에서 전시하는 새로운 자극을 쉽게 연결할 수 있다. 예를 들어, 초등학생이 실과 시간에 생활 속 전자제품에 대해 공부하고 생활사 박물관에 갔다면, 맷돌이나 가마솥을 보고 실과 시간에 학습했던 믹서나 밥솥과 연결지어 개념화할 수 있다. 이처럼 아이들이 지식을 연계시키는 습관을 갖기 위해서는 기존의 지식과 연관성이 있는 자극을 제공해야 하는데, 이런 자극들이 풍부한 곳이 바로 박물관이다. 또한 여행을 가는 것과 마찬가지로 박물관에 가면, 전시물을 직접 보거나 허락된 전시물은 만져 보거나 사용해 보는 등 생생한 체험의 형태로 새로운 자극을 받아들일 수 있기 때문에 지식이 연결될 확률을 높일 수 있다. 이런 측면에서 좋은 지식의 구조를 만들기 위한 곳으로 박물관만큼 훌륭한 장소를 찾는 것도 그리 쉽지 않을 것이다.

이처럼 하나를 배우더라도 혹은 한 곳을 가더라도 지식의 구조를 체계적으로 연결하려는 노력이 쌓이고 쌓여 우리는 전문가가 되어 가는 것이다. 물론 이것만으로 전문가가 될 수는 없다. 앞서 설명했듯이, 지식을 연결한다고 하더라도 지식의 '표면적 유사성'이 아닌 '구조적 유사성'으로 조직화되는 것이 필요하다. 하지만 이러한 수준으로 지식을 조직화시키는 왕도는 존재하지 않는다. 이러한 수준의 지식구조를 갖추기 위해서는 수많은 시행착오가 필요하고 오랜 시간의 노력이 필요한 것이다. 타고난 천재라고 하더라도 예외는 없다. 그리고 이것이 바로 10년의 법칙이 타당성을 확보하는 지점인 것이다.

그럼에도 불구하고 창의의 재료가 타고난 능력이 아니라 전문성이라는 사실은 창의를 가르치고 이를 통해 창의적인 인재를 키우고자 하는 사람들에게 희망을 주는 메시지임에 틀림없다. 전문성이란 타고나는 것이 아니라 만들어지는 것이기에 창의를 이루는 잠재력은 이미 우리에게 내재되어 있다 할 것이다. 10년 이상의 꾸준한 노력을 통해 한 칸 한 칸 좋은 지식의 구조를 쌓아 가는 일, 그것이 바로 창의의 시작임을 잊지 말아야 한다.

고착을 인식하는 습관을 기르자!

우리가 '새롭지 않은 새로움'을 생각해 내기 힘든 이유는 문제해결을 위해 문제의 성격을 규정하는 시점부터 과거의 경험과 지식이 우리가 사용할 수 있는 지식의 범위를 축소시키기 때문이다. 4장과 5장에서 살펴본 것처럼 우리는 언제나 '하향처리과정'을 선호한다. '휴리스틱스' 혹은 '고착'이라는 용어로 표현되는 이러한 사고의 특징은 우리가 극복하고 싶다고 해서 쉽게 극복되는 것은 아니다. 하지만 우리의 사고과정을 이해하고 새로운 답을 접했을 때 자신이 어떠한 고착에 영향을 받아 그러한 생각을 하지 못했는지를 알아내려고 노력하는 습관을 기른다면, 이를 극복하는 일이 전혀 불가능한 것은 아니다.

　교사나 부모 혹은 회사에서의 간부 등 누군가에게 교육의 기회를 제공하는 위치에 있는 사람이라면, 학습자들이 스스로의 고착을 인식하고 이를 극복할 수 있는 기회를 지속적으로 제공할 필요가 있다. 그리고 그러한 기회는 의외로 손쉽게 만들어질 수 있다. 예를 들어, 이 책의 프롤로그에서 보았던 다음과 같은 종이 하나만으로도 고착을 인식하고 이를 극복하는 기회를 제공할 수 있다.

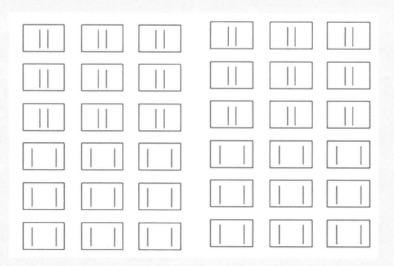

폭이 좁은 두 개의 직선이 들어 있는 18개의 사각형과 폭이 넓은 두 개의 직선이 들어 있는 18개의 사각형이 그려져 있는 종이에 그림을 그리게 했을 때 사람들이 그리는 그림들을 프롤로그에서 소개했었다. 이 종이에는 총 36개의 그림을 그릴 수 있기 때문에 사람마다 매우 다양한 그림을 그릴 것 같지만, 막상 그림을 그리게 하면 그려진 그림들은 사람에 따라 크게 다르지 않다. 이처럼 다양한 답이 가능한 경우에도 우리는 비슷하게 생각하고 비슷한 답을 만든다.

프롤로그에서 보았던 것처럼 폭이 좁은 선 두 개가 있는 네모에는 사다리나 신호등처럼 가늘고 긴 모양의 물건들을 그리고, 폭이 넓은 선 두 개가 있는 네모에는 텔레비전이나 방석과 같은 넓고 뚱뚱한 모양의 물건들을 그린다. 하나의 정답이 있는 문제가 아니라 다양한 답이 가능한 상황에서도 우리의 생각이 비슷한 이유는 바로 '고착'의 영향 때문이다. 지금부터 고착이 만들어지는 이유를 다시 한번 살펴보고, 이를 벗어나면 어떤 결과가 만들어지는지를 확인해 보자.

이 종이에 그려지는 그림들이 비슷한 이유는 이 종이를 보는 순간 대개 비슷한 생각이 떠오르기 때문이다. 일단 종이에 제시된 36개의 네모를 보면서 대부분의 우리는 36개의 그림을 그려야 한다는 생각을 한다. 그리고 그 그림들은 당연히 36개의 네모 안에 그려져야 한다는 생각도 한다. 네모 안에 그림을 그리겠다는 생각을 하게 되면 그 다음으로 관심이 가는 것은 네모 안에 제시된 두 개의 선이다. 네모 안에는 두 종류의 자극, 즉 폭이 좁은 선 두 개와 폭이 넓은 선 두 개가 있다. 네모 안에 그림을 그릴 때 이 선들이 사용될 것이므로, 우리는 자신이 알고 있는 가늘고 긴 모양을 하고 있는 물건과 넓고 뚱뚱한 모양의 물건을 떠올리게 된다.

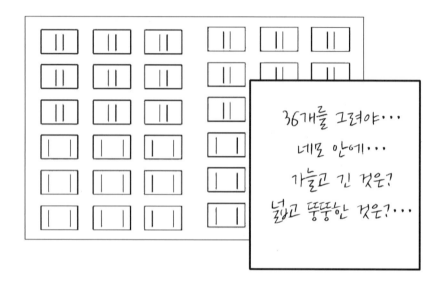

다음에 보이는 사다리, 신호등, 미사일 등은 폭이 좁은 선 두 개가 제시되어 있는 네모 안에 그려지는 전형적인 그림들이다. 폭이 좁은 선 두 개가 있는 네모 안에 이러한 그림을 그리는 이유는 이들이 모두 가늘고 긴 모양을 하고 있기 때문이다.

폭이 넓은 선 두 개가 제시되어 있는 네모 안에 그려지는 그림들에서도 공통적인 특징을 찾을 수 있다. 이 네모에 그려지는 전형적인 물건들은 TV나 방석, 수족관 등인데, 이들은 모두 폭이 넓은 모양의 물건들이다.

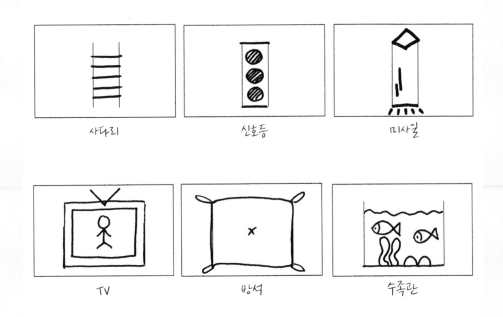

사다리   신호등   미사일

TV   방석   수족관

우리들 대부분은 가늘고 긴 모양을 하고 있는 것과 넓고 뚱뚱한 모양을 하고 있는 것을 떠올리면서 36개의 네모를 채워 나간다. 따라서 우리가 만드는 그림들은 다음과 크게 다르지 않다.

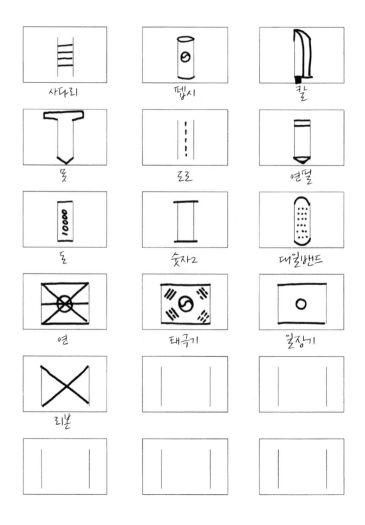

그렇다면 이제 이렇게 간단한 종이 한 장에 얼마나 많은 고착이 숨어 있는지를 하나씩 살펴보고, 이를 벗어나면 어떤 그림이 가능해지는지를 알아보도록 하자.

일단 가장 간단하게 찾을 수 있는 것은 '좁은 두 선'과 '넓은 두 선'에 대한 생각이다. 좁은 선을 보는 순간 우리는 좁고 가느다란 물건을 떠올리고 넓은 선을 보는 순간 넓고 뚱뚱한 것을 찾는다. 어김없이 고착인 것이다. 하지만 좁은 두 선에 넓고 뚱뚱한 것을 그릴 수도 있는 것이고, 넓은 두 선에 좁고 가느다란 것을 그리지 못할 이유는 없다. 이렇게 말이다.

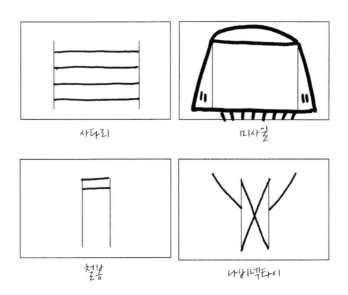

사다리

미사일

철봉

나비넥타이

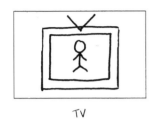

TV

컴퓨터 모니터

사자

미소

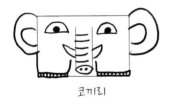

코끼리

또 하나의 고착은 제시된 네모에 대한 것이다. 앞서 전형적인 반응에서 보았던 텔레비전을 다시 한 번 보자. 일반적으로 그려지는 텔레비전은 옆의 그림과 같다. 즉, 넓은 두 선을 이용해 네모 안에 그리는 것이다.

그렇다면 컴퓨터 모니터 그림은 어떤가? 텔레비전과 동일한 속성을 가진 컴퓨터 모니터이지만, 이 그림은 제시된 네모를 규정하는 방식이 텔레비전 그림과는 완전히 다르다. 즉, 텔레비전 그림에서의 네모는 그림이 들어가야 하는 테두리로 규정된 반면, 모니터 그림에서의 네모는 그림의 일부로 활용되고 있다. 텔레비전을 그린 사람은 네모라는 자극에 대해 지극히 정상적인 고착에 걸려 있는 반면, 모니터를 그린 사람은 그러한 고착에서 벗어나 있는 것이다. 이러한 고착에서 벗어나기만 하면 사자, 미소, 코끼리와 같은 그림을 그리는 건 그다지 어려운 일이 아니다.

종이를 바라보는 방향도 또 다른 고착이 될 수 있다. 지금까지 제시된 모든 그림에서 하나의 공통점을 찾을 수 있는가? 지금까지 우리가 본 그림들은 모두 종이를 정면에서 바라보고 그린 그림들이었다. 하지만 종이를 바라보는 시점을 바꾸어 그림을 그릴 수도 있다. 단지 시점을 바꾸는 것만으로도 우리는 보다 새로운 느낌의 그림을 그릴 수 있다. 예를 들어, 종이를 위에서 바라보면서 그림을 그린다면 이러한 그림들이 가능해진다.

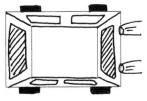

내 자가용

박스 + 애완동물

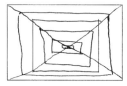

피라미드

또 다른 고착은 없을까? 이 종이에 36개의 네모가 있다는 것을 생각해 보자. 따라서 하나의 네모에 그림 하나씩 최대 36개의 그림을 그릴 수 있다는 생각을 하는 것은 지극히 자연스럽다. 그러나 이 또한 하나의 고착이다. 굳이 하나의 네모 안에 반드시 하나의 그림을 그려야 되는 이유가 있을까? 이러한 생각을 하게 되면 일반적으로 나오기 힘든 다양한 그림을 그릴 수 있게 된다. 네모 두 개를 이용하여 이런 그림을 그릴 수도 있다.

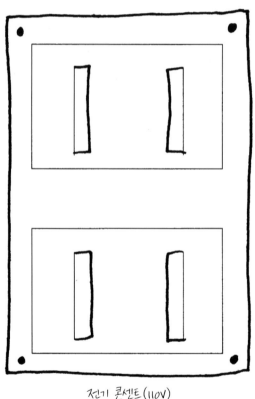

전기 콘센트 (110V)

네모 세 개를 이용하면 이런 그림도 가능해진다.

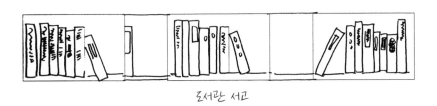

도서관 서고

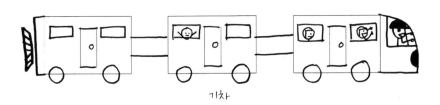

기차

이처럼 두 개의 네모와 세 개의 네모를 자유롭게 활용하게 된다면, 종이의 절반을 이용해 하나의 그림을 못 그릴 이유가 없다. 다음의 그림은 어떤가?

아파트

핸드폰

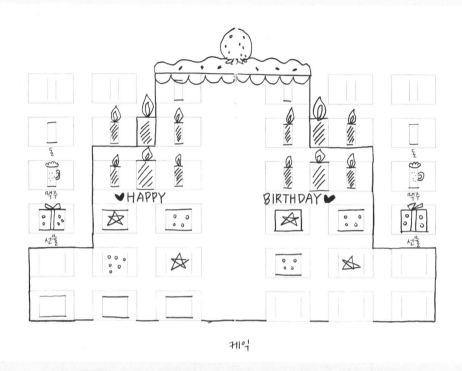

케익

　일단 하나의 네모에 반드시 하나의 그림을 그려야 할 필요가 없
다는 것을 깨닫게 된다면, 제시된 종이 한 장을 모두 사용하여 생
일 케이크 하나만을 그리는 것도 그다지 어려운 일이 아닌 것이다.

　대부분의 사람들이 그리는 그림과는 다르게 독특한 그림을 그리
는 사람을 보면 우리는 그 사람을 신기하게 바라본다. 그리고 그
사람은 특별한 재능을 타고났다고 생각한다. 물론 타고난 특별한
재능이 이러한 그림을 그리게 했을 수도 있다. 하지만 제시된 자극
을 보았을 때 우리에게 발생하는 인지의 하향처리과정에 대한 속

성을 이해하고 이를 벗어나는 것으로도 충분히 특별한 그림을 그릴 수 있다. 물론 고착을 인식하고 이를 극복하는 것이 말처럼 쉬운 일은 아니다. 하지만 지속적으로 이런 경험을 할 수 있는 기회가 제공된다면, 새롭고 창의적인 생각을 하는 것은 결코 불가능한 일이 아닌 것이다.

다른 폴더를 여는 힘,
인문학적 교양을 갖추자!

문제를 해결할 때의 하향처리과정은 개별 지식에 선택적 주의를 기울이게 만들기도 하지만, 때로는 보다 광범위하게 지식이 모여 있는 폴더 자체에 선택적 주의를 기울이게 만들기도 한다. 이로 인해 우리는 주의가 기울여진 그 폴더에 들어가서 문제의 해결방법을 찾는다. '보행자를 위한 에어백'의 예에서처럼 자동차와 관련된 안전을 생각하면 우리는 당연히 운전자의 안전을 먼저 생각하게 되고, 결과적으로 자동차의 안전장치는 언제나 운전자를 안전하게 만드는 것으로 제한되는 것이다. 기업이 자동차를 만드는 가장 큰 이유는 자동차를 판매하여 이윤을 창출하는 것이기 때문에, 이러한 해결과정은 지극히 정상적이다. 하지만 이러한 폴더는 자동차를 만드는 사람이라면 누구나 쉽게 접근할 수 있는 폴더다. 새로운 생각을 만들기 위해서라면 우리가 쉽게 접근하지 못하는, 우리에게 익숙하지 않은 폴더에 들어가야 할 필요가 있다.

하지만 우리는 문제를 해결할 때 하향처리과정을 선호하기 때문에 다양한 폴더에 접근하는 것은 그리 쉬운 일이 아니다. 8장에서 설명한 것처럼, 우리에게 익숙하지 않은 폴더를 열기 위해서는 그 폴더를 열어야 하는 단서를 발견하는 눈을 가져야만 한다. 그리고 인문학적 교양은 일반적으로 생각하기 힘들었던 새로운 폴더에 접근할 수 있는 단서의 발견에 매우 유용한 도구가 될 수 있다. 1장에서 소개했던 '새롭지 않은 새로움'의 예인 벅민스터 풀러의 '지오데식 돔'을 통해 인문학적 교양이 어떻게 새로운 폴더를 여는 데 도움을 줄 수 있는지 다시 한번 생각해 보기로 하자.

지오데식 돔의 가장 큰 특징은 기둥 없이 매우 넓은 공간을 만들 수 있다는 것이었다. 기본적으로 작은 삼각형을 이어 붙여 완성되는 지오데식 돔은 기존의 돔 구조물에 비해 비용효과 측면에서 매우 경제적인 구조물로 인정받고 있다. 그렇다면 지오데식 돔을 만든 풀러는 어떻게 이런 돔을 만들 생각을 했던 것일까? 그가 천재였기 때문이었을까?

물론 풀러는 대단한 천재임에 틀림없다. 20세기의 다빈치라 불리는 그는 지오데식 돔을 만든 건축가이자 28개의 특허를 가진 발명가이며, 30권 이상의 저서를 발간했고, 예술과 과학 그리고 공학 등 다양한 분야에서 47개의 명예박사학위를 받은 시인이자 수학자 그리고 철학자이기도 했다. 우리의 상상을 뛰어넘어 다양한 분야에서 대단한 업적을 남긴 풀러는 남들과는 현저히 다른 천재성을 지니고 태어났기에 남들이 생각하지 못했던 지오데식 돔을 만든 것일까?

그가 수많은 분야에서 천재성을 보였다고 하지만, 지오데식 돔의 출현을 단지 풀러의 천재성만으로 설명하기에는 무리가 있는 것이 사실이다. 지오데식 돔이 창의적인 산물인 것은 사실이지만 이는 단지 트러스 구조의 변형일 뿐이며, 트러스 구조는 건축가들이나 물리학자들에게는 그다지 새로운 원리가 아니었기 때문이다. 다시 말하면, 지오데식 돔은 아무도 몰랐던 새로움이 아니라 누구나 알 수 있었지만 생각하기 어려웠던 '새롭지 않은 새로움'인 것이다. 따라서 풀러의 천재성만으로는 지오데식 돔의 출현을 온전히 설명하기는 어렵다.

그렇다면 풀러는 어떻게 지오데식 돔을 생각하고 만들게 되었을까? 1963년에 출간된 풀러의 저서 『우주선 지구호 사용 설명서 Operating manual for spaceship earth』에서 우리는 그 단서를 찾을 수 있다. 출간된 이후 지금까지 고전으로 읽히고 있는 이 책은, 인류가 가야할 미래의 방향에 대한 그의 철학을 담고 있다. 풀러는 지구에 대한 우리의 시각을 근본적으로 바꿀 필요가 있다고 역설한다. 그는 우리가 사는 이 지구가 우주를 떠도는 거대한 우주선이라고 생각한다. 그렇기에 지구에 사는 우리 모두는 우주를 항해하는 승무원들이며, 지구의 자원은 우주선의 연료와 마찬가지로 유한하다고 말한다. 그의 '보다 적은 것으로 보다 많은 것을!Doing more with less!'이라는 말은 지구란 유한한 자원을 지닌 하나의 우주선이라는 그의 철학을 가장 잘 표현하고 있다.

독창성을 인정받는 그의 수많은 작품들은 비록 분야가 다르고 모양은 다르지만, 이러한 그의 철학을 바탕으로 했기에 뚜렷한 공통점이 있다. 지오데식 돔은 물론이거니와 '다이맥시온Dymaxion'이라는 이름의 수많은 발명품들의 기저에는 공통적으로 '보다 적은 것으로 보다 많은 것을!Doing more with less!'이라는 그의 철학이 깔려있는 것이다. 그리고 이러한 철학을 갖게 한 힘은 지구를 바라보는 그의 인문학적 교양이었다.

'다이맥시온'이라는 말은 동력을 뜻하는 '다이내믹dynamic'과 최대량을 의미하는 '맥시멈maximum' 그리고 장력이란 뜻의 '텐션tension'을 결합시킨 것으로, 풀러는 지구의 유한한 자원을 책임 있게 사용해야 한다는 자신의 철학을 상기시키기 위해 자신의 발명품에 '다이맥시온'이라는 이름을 즐겨 사용했다. 대표적인 다이맥시온 시리즈로는 항공기로 운반할 수 있을 정도로 가볍고 쉽게 조립 설치할 수 있는 '다이맥시온 하우스'라든가, 혁신적인 연비를 가진 '다이맥시온 자동차', 그리고 시각적 왜곡 없이 지구의 모든 대륙을 동등하게 관찰할 수 있는 '다이맥시온 지도' 등이 있다.

풀러의 대표적인 발명품으로 자주 거론되는 '다이맥시온 하우스'는 1946년 캔자스 주의 위치타에 있는 비치 항공기 회사와 공동으로 개발되었다. 풀러는 새로운 자재와 건설 기법을 사용하여, '24시간 이내에 배달이 가능한' 육각형 건물을 고안하였다. 이 주택은 매우 가벼운 알루미늄 판으로 제작되었으며, 내부는 공간을 환상적으로 사용할 수 있도록 설계되었다. 회전하는 옷걸이나 통합 진공 청소 시스템 등 공간을 절약하는 놀라운 설계로 두 개의 침실, 두 개의 욕실, 부엌, 그리고 92평방미터 넓이의 거실까지 완벽하게 들어

다이맥시온 하우스
출처: http://regisworld.wordpress.com/2008/10/25/the-biohouse-project/

가는 구조였다. 하지만 이 주택의 가장 큰 매력은 트럭 한 대로 실어 나를 수 있는 양의 재료로 만들어진다는 것과 손재주 있는 사람 몇 명만 있으면 하루 안에도 세울 수 있다는 점이었다.

그는 주택이 인류의 공동 자원인 귀중한 땅을 개인적으로 독차지하는 결과를 낳고 또 이것이 부의 수단으로 이용되는 것은 우주선인 지구에 있어서는 안 될 일이라고 주장한다. 따라서 그는 대량 생산이 가능하고, 재난 지역 어느 곳으로든지 수송할 수 있으며, 몇 시간만 투자하면 안전하고 위생적인 주거 환경을 제공하는 주택을 만들고자 하였다. 그는 지금 우리의 주택은 소유함으로써 재산을 불려 주는 '비생산적인 부'라고 생각했기 때문에 인류 모두가 평등하게 살 수 있는 공간을 만들고자 한 것이다. 이런 이유로 풀러는 주택산업을 공장화하여 저렴하면서도 편리한 주택을 공급하고자 했으며, 이를 위해 다이맥시온 하우스를 만들었던 것이다. 비록 다이맥시온 하우스는 대량 생산되지 못했고 지금은 미시간 주의 디어본에 위치한 핸리 포드 박물관에 모델로만 남아 있지만, 이는 풀러가 어떠한 폴더에서 생각을 만들어 내고 있었는지를 이해하는 결정적 단서임에 틀림없다. 풀러는 '건물'이라는 폴더가 아닌 '지구'라는 폴더에서 주택을 설계하고 있었던 것이다.

그가 '지구'라는 폴더에서 아이디어를 만들고 있었다는 것은 그가 설계한 자동차인 '다이맥시온 자동차Dymaxion Car'를 보면 더욱 확실해진다.

풀러는 1933년에 당시로는 혁신적인 자동차를 만들었다. 당시 기록에 따르면 이 차의 성능은 193km/h에 제로백은 3초대, 그리

다이맥시온 자동차
출처: http://en.wikipedia.org/wiki/File:Dynamaxion_1933.jpg

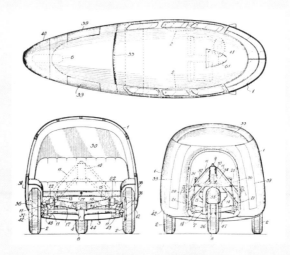

다이맥시온 카 설계도
출처: http://www.carstyling.ru/en/entry/Fuller_Dymaxion_1933/
images/2490/

고 연비는 12.8km/l의 경이적인 기록을 냈다. 그 당시에 가장 성능이 좋은 V8엔진을 장착했다고는 하지만 이 엔진의 출력은 고작 80~90마력이었을 뿐이었다. 이러한 엔진으로 6미터에 달하는 거대한 차를 그렇게 빠르게 달리게 한 힘은 유선형 바디 디자인에서 나왔다. 하지만 이 차는 운전할 때의 핸들링에 치명적 약점을 가지고 있었기에 단 세 대의 프로토타입prototype만이 만들어졌는데, 두 대는 파손되고 오직 한 대만이 미국의 자동차 박물관에 전시되어 있다.

다이맥시온 자동차는 하나의 실험적 모험으로 끝났지만, 이 자동차 역시 풀러가 어떠한 생각으로 아이디어를 만들어 냈는지를 분명하게 보여 준다. '최소의 에너지와 최대의 효율'이라는 말로 요약될 수 있는 다이맥시온 자동차는 풀러가 지구를 보는 눈을 반영하고 있다. 다이맥시온 자동차 역시 '자동차'라는 폴더가 아닌 '지구'라는 폴더에서 만들어진 아이디어인 것이다.

이처럼 풀러의 다이맥시온 하우스와 다이맥시온 자동차는 각각 '건물'이라는 폴더와 '자동차'라는 폴더에서 만들어진 생각이 아니었다. 이들은 모두 하나의 폴더, 즉 '지구'라는 폴더에서 만들어진 것임에 틀림없다. 물론 이러한 해석은 '사후해석'이라는 혐의에서 자유로울 수는 없다. 다시 말하면, 이미 만들어진 산물을 보고 나서 그럴듯하게 설명하는 것일지도 모른다. 그럼에도 불구하고 이러한 해석에 귀 기울여야 하는 이유는 동일한 문제라 하더라도 어떠한 폴더에서 그 문제를 바라보느냐에 따라 서로 다른 답이 만들어지는 것은 틀림없는 사실이기 때문이다. 풀러가 여러 분야에서 뛰어난 업적을 보인 일차적인 이유는 그 분야에서의 전문성이었을 것이다. 하지만 지구를 정의하는 그의 인문학적 교양이 없었다면 다이맥시온 시리즈와 같은 새로움은 만들어지지 못했을 것이다.

물론 우리가 항상 새로운 폴더에 들어가서 문제를 해결해야만 하는 것은 아니다. 사실 우리가 해결해야 하는 대부분의 문제들은 우리에게 익숙한 기존의 폴더에서 해결된다. 이 책에서 강조하고자 하는 것은 익숙한 폴더에서의 생각이 틀렸다는 것이 아니라, 우리가 새로운 아이디어를 생각하고자 할 때, 다른 폴더에서 생각하면 그 결과가 달라진다는 사실이다. 따라서 우리에게 필요한 것은, 창의적으로 해결해야 할 문제와 관련하여 우리에게 익숙한 폴더가 아닌 또 다른 폴더가 존재하는지를 알아내는 심미안이다.

그리고 인문학적 교양은 이러한 심미안을 기르는 훌륭한 도구임에 틀림없다. 우리에게 어떠한 생각으로 이 시대를 살아가야 하는지에 대한 보다 깊이 있는 성찰의 기회를 제공하는 것이 바로 인문학적 교양인 것이다.

타인을 존중하고 협력하는 인성을 기르자!

창의가 화두에 오를 때마다 어김없이 따라붙는 말이 '인성'이다. '창의적이고 바른 인성을 지닌' 혹은 '창의와 인성의 조화를 목표로 하는' 말들은 창의가 얘기되는 곳에서 어렵지 않게 볼 수 있는 수식어들이다. 창의와 인성! 따로 놓고 보면 둘 다 좋은 말이지만, 이 두 단어가 함께 붙어 있는 이유를 모르겠다고 말하는 사람들도 적지 않다. 창의와 인성을 함께 강조하는 것이 어색하다고 느끼는 가장 큰 이유는 창의와 인성은 전혀 관련이 없는 것이라는 생각 때문이다. 창의란 머리로 하는 것이고 인성은 마음으로 하는 것이라는 생각인 것이다.

일반적인 문제 해결의 경우라면 충분히 그렇게 생각할 수도 있다. 문제를 해결하는 데 반드시 바른 인성이 필요한 것은 아니기 때문이다. 하지만 창의적인 문제 해결이 요구되는 상황이라면 얘기는 달라진다. 물론 인성이 갖춰지지 않는다고 해서 창의가 발현될 수 없는 것은 아니지만, 좋은 인성은 창의를 만드는 데 아주 중요한 기능을 한다. 왜냐하면 과거와는 달리 지금 우리가 살아가는 이 사회는 개인 혼자의 힘으로는 절대로 창의가 발현될 수 없는 구조이기 때문이다.

창의가 뛰어난 개인의 전유물이었던 때가 분명 있었다. 예를 들어, 르네상스를 대표하는 레오나르도 다 빈치는 뛰어난 화가로 잘 알려져 있지만, 그는 위대한 조각가이자 발명가였으며 빼어난 건축가이기도 했다. 동시에 그는 해부학자이기도 했고 도시계획가이자 천문학자이고 지질학자였으며 뛰어난 음악가이기도 했다. 그는 혼자서 이 많은 것을 이루어 냈다. 하지만 현대 사회에는 더 이상 레오나르도 다 빈치가 존재하지 않는다. 그처럼 재능 있는 천재가 이제는 태어나지 않기 때문이 아니라, 현대 사회는 혼자서 창의적인 업적을 이룰 수 있는 구조가 아니기 때문이다.

스티브 잡스를 생각해 보자. 스티브 잡스가 뛰어난 천재였을지도 모른다. 하지만 스티브 잡스 혼자 아이폰을 만들 수 있었을까? 수많은 기술자와 디자이너 그리고 또 다른 프로그래머들이 없었다면 아이폰은 절대 세상에 나오지 못했을 것이다. 현대 사회에서의 창의란 적게는 수십 명 많게는 수만 명의 노력과 협동 없이는 이루어질 수 없다.

이처럼 창의적인 무언가를 만들기 위해서는 타인의 생각을 존중하고 경청하며, 필요하다면 기꺼이 자신의 생각을 수정하고 협력할 수 있는 덕목이 필수적이다. 이 사회에서의 창의는 협력과 조화가 전제될 때 꽃필 수 있다. 바른 인성을 갖춘 사람이란 이런 삶의 자세를 지닌 사람이며, 이런 사람이야말로 협력과 융합을 필수로 하는 현대 사회에서의 창의적 조건에 적격인 사람인 것이다.

조직을 협력과 조화로 이끈다는 점 외에도 바른 인성은 새로운 폴더에 들어갈 수 있는 확률을 높여 준다는 점에서도 결코 가볍게 생각해서는 안 될 덕목이다. 나와 다른 생각을 접하면 우리는 그것이 '틀린' 것이라고 생각하는 경향이 있다. 우리가 무엇을 판단할 때 하향처리과정을 선호한다는 것을 이해한다면, 나의 생각과 다른 것을 틀린 것으로 판단하는 것은 어쩌면 자연스러운 현상일 수도 있다.

예를 들어, 자동차의 안전을 운전자의 안전이라는 폴더에서 생각하는 사람은 보행자의 안전을 고려하는 것이 도저히 이해되지 않을 수도 있을 것이다. 그런 생각은 이윤을 극대화하는 데 별로 도움이 되지 않는다고 생각하기 때문이다. 또한 정확하고 빠른 속도가 생명인 컴퓨터를 설계하는 데 메모리나 CPU가 아닌 컴퓨터 화면에 어떤 서체가 필요한가를 고민하는 것 역시 의미 없는 생각이라고 판단할 수도 있다.

새로운 폴더에서 만들어지는 기존과 상이한 생각들은 우리에게 조금은 어색하고 불편한 느낌을 줄 수도 있다. 물론 익숙한 폴더가 아닌 새로운 폴더에서 만들어지는 생각이 창의적인 결과를 만들 수도 있지만, 새로운 것이 반드시 성공을 보장하는 것은 아니다. 오히려 새로운 것에 대한 시도는 예전에는 경험하지 못했던 위험을 초래할 가능성도 있다. 따라서 우리는 구태여 다른 폴더를 찾으려 하지 않는 것인지도 모른다.

새로운 것은 언제나 두려움과 함께 찾아온다. 하지만 익숙한 폴더에서는 더 이상 문제가 해결되지 않는 그런 상황이라면, 어느 정도의 두려움은 감수해야 하지 않을까? 언제나 새로운 폴더를 찾아야만 하는 것은 아니지만, 새로운 폴더를 찾아야만 하는 상황이 분명히 있다. 그런 상황을 슬기롭게 극복하기 위해서라도 우리는 다른 폴더를 찾는 일을 게을리 해서는 안 된다. 다른 폴더를 볼 수 있는 가능성은 언제나 열려 있어야 하며, 때로는 위험을 감수하고서라도 그 폴더에 들어가는 용기가 필요하다.

바른 인성의 핵심은 타인의 생각을 존중하는 마음이다. 나와는 다른 타인의 생각을 존중하고 경청하는 마음은 나와는 상이한 폴더를 찾을 수 있는 가능성을 높여 주는 좋은 도구로 기능할 수 있다. 다른 사람의 생각이 나와 다른 것은 어쩌면 그 생각이 내가 활성화시키는 폴더와는 다른 폴더에서 만들어졌기 때문일지도 모른다. 타인을 존중할 때만이 이러한 가능성을 인정할 수 있게 되고, 그래야 내가 보기 힘들었던 다른 폴더가 보일 확률은 높아지게 된다. 이것이 바로 창의에 인성이 필요한 지점인 것이다.

에필
로그

영웅 신화는 우리를 가슴 설레게 한다. 전 세계 어느 문화권을 막론하고 신화에 등장하는 영웅의 모험은 그 여정이 본질적으로 다르지 않다. 현실과 타협하지 않고 끊임없이 도전하지만 영웅의 도전은 언제나 애처롭다. 열정은 아름답지만, 그의 열정은 시련을 예고하는 전주곡일 뿐이다. 그는 다시 일어나고, 또 다시 실패한다. 의지와 절망이 교차하는 인고의 세월이 반복되고, 그는 잠깐씩 흔들리기도 한다. 하지만 모든 신화는 어김없이 영광으로 마무리된다.

그가 극복하는 고난의 다양성을 감안해 준다 하더라도 플롯은 이미 충분히 식상하다. 그럼에도 우리는 영웅 신화가 보여 주는 드라마에 흥분하고 열광한다. 우리가 영웅 신화에 열광하는 이유는 어쩌면 영웅에게 닥치는 고난과 시련을 나와 동일시하기 때문인지도 모른다.

내가 발붙이고 살아가는 현실은 언제나 팍팍하다. 미래는 불안하고 지금은 고단하다. 고난과 역경으로 가득 차 있는 영웅의 모습이 바로 현실의 나인 것이다! 영웅과 나를 동일시하면서 우리는 신화 속의 주인공이 되는 상상을 시작한다. 영웅의 갑옷을 입고 그가 걸어갔던 가시밭길을 걸으며 극도의 고통을 인내하는 인고의 하루하루를 살지만, 결국 우리의 마지막은 영광으로 마무리되고 드디어 전설이 되는 그런 꿈을 꾼다.

창의는 수천 년 전에나 있어 왔던 신화와 전설의 서사 구조를 그대로 닮아 있다. 과학과 예술뿐만 아니라, 어떠한 분야에서든 창의라고 이름 붙여진 모든 것은 영웅 신화에서의 주인공이다. 세상에 존재하던 수많은 낡은 것들은 창의라는 이름 앞에 낙엽처럼 무너진다. 마치 영웅의 칼 앞에 무너지는 악의 무리들처럼 말이다.

결국 창의적인 발견은 모두에게 전파되고 드디어 신화가 되고 전설이 된다. 어쩌면 창의란 신화와 전설 속의 주인공, 바로 영웅의 다른 이름인지도 모른다. 아인슈타인, 피카소, 프로이트, 다윈……이른바 천재라 불리며 각자의 분야에서 신화를 만들어 간 무수한 지성들의 이름은 신화와 전설 속 영웅의 재현인 것이다. 우리는 영웅 신화에서의 주인공이 되고픈 마음을 담아, 현실에서의 창의적인 영웅이 되고자 한다.

우리는 왜 그토록 신화와 전설의 영웅에 열광하는 것일까? 신화와 전설의 다른 이름인 창의를 주어로 다시 묻는다면, 우리는 왜 그토록 창의적인 사람이 되고 싶어 하는 것일까? 이들이 인류의 역사 발전에 기여했기 때문이라거나 이들이 걸어 온 삶의 궤적이 가치 있기 때문이라거나 하는 그럴싸한 이유도 있을 것이다. 하지만 진의를 각색하거나 포장하지 않고 솔직히 말한다면, 우리가 열광하는 진짜 이유는 드라마의 마지막에 자리하는 달콤한 열매에 있다.

사실, 우리가 사랑하고 열광하는 영웅 신화와 창의의 정체는 마지막에 누리는 절대적 권능, 즉 그 달콤한 열매다. 이런 이유로 천재란 1%의 영감과 99%의 노력으로 이루어진다는 에디슨의 전언은 그저 모든 것을 얻은 천재의 겸손한 립서비스로 잊혀진다.

신화와 창의는 분명 닮아 있다. 하지만 신화와 창의가 진정으로 닮아 있는 지점은 서사구조의 마지막이 아니라, 그 마지막에 이르기까지 만났던 무수한 고난과 역경을 극복하는 과정이라는 것을 잊지 말아야 한다. 우리가 기억하는 가치 있는 모든 신화는 한계를 극복하고자 기꺼이 시련을 감당했던 인간의 이야기다.

창의 또한 마찬가지다. 태어날 때부터 전지전능한 능력을 지닌 천재가 어느 순간 '아하!' 하며 만들어 내는 것이 창의라면, 창의는 더 이상 영웅 신화의 다른 이름이 아니다. 모든 창의는 인고의 세월을 담보로 만들어졌음을 기억해야 한다. 이들이 걸었던 고단한 그 길이 영웅 신화의 주인공이 걸었던 바로 그 길이었기에 창의는 신화와 동의어가 되는 것이다.

신화 속 주인공에게 처음부터 전지전능한 권능이 주어졌고 그러한 권능이 그를 영웅으로 만든 것이라면, 더 이상 우리가 신화 속의 영웅에 열광할 이유는 없다. 인간이라면 걷지 못할 것만 같은 무거운 그 길을 한 발 한 발 걸어갔던 그 모습이 소중하고 아름답기에 신화 속 영웅은 가치 있는 인격이 되는 것이다. 처음부터 전지전능한 영웅의 이야기는 결코 우리를 감동시키지 못한다.

타고난 재능이 없어도 혹은 재능을 꽃피울 여건이 부족해도 괜

찮다. 아니, 오히려 그러면 그럴수록 가슴이 뛴다. 신화 속의 영웅 역시 타고난 재능도 재능을 꽃피울 여건도 없었다. 하지만 그는 길을 걸었고 결국엔 찬란한 전설이 되었다. 처음부터 전지전능했던 영웅은 없었던 것이다.

이제, 내 안의 영웅을 찾아 그 먼 길을 떠나야 할 때가 된 것은 아닐까? 잊지 말자! 한 발을 처음 내딛는 바로 그 순간 이미 우리 안의 영웅은 깨어나기 시작한다는 것을!

김성원(2009). 이웃과 함께 짓는 흙부대 집. 파주: 들녘.

송성수(2011). 위대한 여성 과학자들. 파주: 살림출판사.

이병언(2010). 고교생이 알아야 할 생물 스페셜. 남양주: (주)신원문
화사.

이주헌(2003). 서양화 자신 있게 보기 1. 서울: 학고재.

임웅(2008). 유아창의성 향상을 위한 커리큘럼 개발에 대한 연구. 한
국유아교육학회 2008년 정기학술대회 발표논문. 서울.

최인정(2001. 6. 22). 에어백(Air-bag)의 원리. 최민정의 자동차 백과.
〈http://dwcij.com.ne.kr/study/airbag.htm〉

Adams, J. L. (2001). *Conceptual blockbusting: A guide to better ideas.*
New York: Basic Books.

Avery, O. T., MacLeod, C. M., & McCarty, M. (1944). Studies on the
chemical nature of the substance inducing transformation of
pneumococcal types induction of transformation by a
desoxyribonucleic acid fraction isolated from pneumococcus

type III. *The Journal of Experimental Medicine, 79*(2), 137-158.

Barron, F. (1988). Putting creativity to work. In R. J. Sternberg (Ed.), *The nature of creativity: Contemporary psychological perspectives* (pp. 76-98). New York: Cambridge University Press.

Birch, H. G. (1945). The relation of previous experience to insightful problem-solving. *Journal of Comparative Psychology, 38*, 367-383.

Chase, W. G., & Simon, H. A. (1973). Perception in chess. *Cognitive Psychology, 4*, 55-81.

Chi, M. T. H., Feltovich, P., & Glaser, R. (1981). Categorization and representation of physics problems by experts and novices. *Cognitive Science, 5*, 121-152.

Chipp, H. B., & Tusell, J. (1988). *Picasso's "Guernica": History, transformations, meanings*. Berkely: University of California Press.

Cox, C. M. (1926). *The early mental traits of three hundred geniuses*. Stanford, CA: Stanford University Press.

Csikszentmihalyi, M. (1999). Creativity. In R. A. Wilson & F. C. Keil (Eds.), *The MIT encyclopedia of the cognitive sciences* (pp. 205-206). Cambridge, MA: MIT Press.

Csikszentmihalyi, M. (2000). Creativity: An overview. In A. E. Kazdin (Ed.), *Encyclopedia of psychology* (Vol. 2, p. 342). Washington, DC: American Psychological Association.

de Candolle, A. (1873). *Histoire des sciences et des savants depuis deux siècles*. Geneva, Switzerland: Georg.

de Groot, A. (1965). *Thought and choice in chess*. The Hague: Mouton.

Ericsson, K. A. (1999). Creative expertise as superior reproducible performance: Innovative and flexible aspects of expert performance. *Psychological Inquiry, 10*, 329-333.

Ericsson, K. A. (2006). An introduction to cambridge handbook of expertise and expert performance: Its development, organization, and content. In K. A. Ericsson, N. Charness, P. J. Feltovich, & R. R. Hoffman (Eds.), *Expertise and expert performance*. New York: Cambridge University Press.

Ericsson, K. A., & Smith, J. (Eds.). (1991). *Toward a general theory of expertise: Prospects and limits*. Cambridge: Cambridge University Press.

Ericsson, K. A., Krampe, R. T., & Tesch-Römer, C. (1993). *The role of deliberate practice in the acquisition of expert performance*. *Psychological Review, 100*, 363-406.

Evans, J., & Over, D. (1996). *Rationality and reasoning*. Hove, UK: Psychology Press.

Farthing, S. (2007). 죽기 전에 꼭 봐야 할 명화 1001점(*1001 Paintings You Must See before You Die*) (하지은, 한성경 역). 파주: 마로니에북스.

Finke, R. A., Ward, T. B., & Smith, S. M. (1992). *Creative cognition: Theory, research, and applications*. Cambridge, MA: MIT press.

Frensch, P. A., & Sternberg, R. J. (1989). Expertise and intelligent thinking: When is it worse to know better? In R. J. Sternberg (Ed.), *Advances in the psychology of human intelligence* (Vol. 5, pp. 157-188). Hillside, NJ: Erlbaum.

Fuller, R. B. (1963). *Operating manual for spaceship earth*. New York:

E.P. Dutton & Co.

Galton, F. (1869). *Hereditary genius: An inquiry into its laws and consequences*. London: Macmillan.

Gerring, R. J., & Zimbardo, P. G. (2001). *Psycology and life*. Boston: Allyn & Bacon.

Getzels, J. W., & Jackson, P. W. (1962). *Creativity and intelligence: Explorations with gifted children*. New Brunswick, NJ: Transaction Books.

Gibson, J., & Light, F. (1967). Intelligence among university students. *Nature, 213*, 441-442.

Glaser, R., & Chi, M. T. H. (1988). Overview. In M. T. H. Chi, R. Glaser, & M. J. Farr (Eds.), *The nature of expertise*. Hillsdale, NJ: Lawrence Erlbaum Associates.

Gruber, H. E. (1974). *Darwin on man: A psychological study of scientific creativity*. New York: Dutton.

Gruber, H. E., & Davis, S. N. (1988). Inching our way up Mt. Olympus: The evolving-systems approach to creative thinking. In R. J. Sternberg (Ed.), *The nature of creativity* (pp. 243-270). New York: Cambridge University Press.

Hayes, J. R. (1981). *The complete problem solver*. Philadelphia: Franklin Institute Press.

Hayes, J. R. (1989). Cognitive processes in creativity. In J. A. Glover, R. R. Ronning, & C. R. Reynolds (Eds.), *Handbook of creativity* (pp. 135-145). New York: Plenum Press.

Hershey, A. D., & Chase, M. (1952). Independent functions of viral protein and nucleic acid in growth of bacteriophage. *The*

Journal of General Physiology, 36(1), 39-56.

Howe, M. J. A. (1999). *Handbook of creativity*. New York: Cambridge University.

Howe, M. J. A., Davidson, J. W., & Sloboda, J. A. (1998). Innate talents: Reality or myth? *Behavioral and Train Sciences, 21*, 388-442.

Jackson, P. W., & Messick, S. (1967). The person, the product, and the response: Conceptual problems in the assessment of creativity. In J. Kagan (Ed.), *Creativity and learning* (pp. 1-19). Boston: Houghton Mifflin.

Jansson, D. G., & Smith, S. M. (1991). Design fixation. *Design Studies, 12*, 3-11.

Judson, H. F. (1979). *The eighth day of creation: Makers of the revolution in biology*. New York: Simon and Schuster.

Judson, H. F. (1979). *The eighth day of creation: Makers of the revolution in biology*. New York: Simon and Schuster.

Kahn, A. E. (2003). 첼리스트 카잘스, 나의 기쁨과 슬픔(*Joys and sorrows: reflections*) (김병화 역). 서울: 한길아트.

Koestler, A. (1964). *The act of creation: A study of the conscious and unconscious in science and art*. New York: Macmillan

Krampe, R. T., & Ericsson, K. A. (1996). Maintaining excellence: Deliberate practice and elite performance in young and older pianists. *Journal of Experimental Psychology: General, 125*, 331-359.

Kuzin, V. S. (1999). *Psychology*. Moskow: Agar.

Köhler, W. (1925). *The mentality of apes*. New York: Harcourt, Brace.

Lippmann, W. (1922). *Public opinion*. New York: Macmillan.

Lubart, T. I. (1994). Creativity. In R. J. Sternberg (Ed.), *Thinking and problem solving* (Vol. 2, p. 290). New York: Academic Press.

MacKinnon, D. W. (1962). The nature and nurture of creative talent. *American Psychologist, 17*, 484-495

Martindale, C. (1989). Personality, situation, and creativity. In J. A. Glover, R. R. Ronning, & C. R. Reynolds (Eds.), *Handbook of creativity* (pp. 211-232). New York: Plenum Press.

Mayer, R. E. (1999). Fifty years of creativity research. In R. J. Sternberg (Ed.), *Handbook of creativity* (pp. 449-460). New York: Cambridge University Press.

McNemar, Q. (1964). Lost: our intelligence? Why?. *American Psychologist, 19*, 871-882.

Mednick, S. (1962). The associative basis of the creative process. *Psychological Review, 69*, 220-232.

Mey, P. (1995). *Courage to create. A sketch of psychology of creativity*. Ljvov: Iniciativa.

Norman, P. (2004). *Shout!: The true story of the Beatles*. London: Pan Macmillan.

Ochse, R. (1990). *Before the gates of excellence: The determinants of creative genius*. New York: Cambridge University Press.

Olby, R. (1994). *The path to the double helix: The discovery of DNA*. New York: Dover.

Plucker, J. A., & Beghetto, R. A. (2004). Why creativity is domain general, why it looks domain specific, and why the distinction does not matter. In R. J. Sternberg, E. L. Grigorenko, & J. L.

Singer (Eds.), *Creativity: From potential to realization* (pp. 153-167). Washington, DC: American Psychological Association.

Robinson, A. (2010). *Sudden genius?: The gradual path to creative breakthroughs*. New York: Oxford University Press.

Roediger, H. L. (1991). They read an article? A comment on the everyday memory controvercy. *American Psychologist, 46*, 37-40.

Runco, M. A. (Ed.). (1997). *Creativity research handbook* (Vols. 1-3). Cresskill, NJ: Hampton Press.

Runco, M. A. (2000). Creativity: Research on the process of creativity. In A. E. Kazdin (Ed.), *Encyclopedia of psychology* (Vol. 2, pp. 342-346). Washington, DC: American Psychological Association.

Schrödinger, E. (1944). *What is Life?* Cambridge: Cambridge University Press.

Simon, H. A. (1947). *Administrative behavior: A study of decision-making processes in administrative organization*. New York: The Macmillian Company.

Simonton, D. K. (1984). *Genius, creativity, and leadership: Historiometric inquiries*. Cambridge, MA: Harvard University Press.

Simonton, D. K. (2009). *Genius 101*. New York: Springer.

Sloboda, J. A. (1996). The acquisition of musical performance expertise: Deconstructing the "talent" account of individual differences in musical expressivity. In K. A. Ericsson (Ed.), *The road to excellence: The acquisition of expert performance in the arts and sciences, sports, and games* (pp. 107-126). Mahwah, NJ: Erlbaum.

Smith, S. M. (1994). Frustrated feelings of imminent recall: On the tip of the tongue. In J. Metcalfe & A. Simamura (Eds.), *Metacognition: Knowing about knowing* (pp. 27-45). Cambridge, MA: MIT Press.

Smith, S. M. (2003). The constraining effects of initial ideas. In P. Paulus & B. Nijstad (Eds.). *Group creativity: Innovation through collaboration* (pp. 15-31). New York: Oxford University Press.

Smith, S. M., & Blankenship, S. E. (1989). Incubation effects. *Bulletin of the Psychonomic Society, 27*, 311-314.

Smith, S. M., & Tindell, D. R. (1997). Memory blocks in word fragment completion caused by involuntary retrieval of orthographically similar primes. *Journal of Experimental Psychology: Learning, Memory and Cognition, 23*, 355-370.

Smith, S. M., & Vela, E. (1991). Incubated reminiscence effects. *Memory & Cognition, 19*, 168-176.

Smith, S. M., Ward, T. B., & Schumacher, J. S. (1991). Constraining effects of examples in a creative generation task. Paper presented at the Texas Cognition Conference, College Station, TX.

Smith, S. M., Ward, T. B., & Schumacher, J. S. (1993). Constraining effects of examples in a creative generation task. *Memory & Cognition, 21*, 837-845.

Squire, L. R. (1986). Mechanisms of memory. *Science, 232*, 1612-1619.

Starkes, J. L., Deakin, J. M., Allard, F., Hodges, N. J., & Hayes, A. (1996). Deliberate practice in sports: What is it anyway? In K. A. Ericsson (Ed.), *The road to expert performance: Empirical* evidence from the arts and sciences, sports, and games (pp. 81-106). Mahwah, NJ: Erlbaum.

Sternberg, R. J. (2003). Cognitive psychology (3rd ed.). Belmont, CA: Wadsworth.

Sternberg, R. J., & Lubart, T. I. (1996). Investing in creativity. American Psychologist, 51, 677-688.

Sternberg, R. J., & O'hara, L. A. (2000). Intelligence and creativity. In R. J. Sternberg (Ed.), Handbook of intelligence (pp. 609-628). New York: Cambridge University Press.

Sternberg, R. J., Grigorenko, E. L.. & Singer, J. L. (Eds.). (2004). Creativity from potential to realization. Washington, DC: American Psychological Association.

Terman, L. M. (1925). Genetic studies of genius: Vol. I, Mental and physical traits of a thousand gifted children. Stanford, CA: Stanford University Press.

Vernon, P. E. (1989). The nature-nurture problem in creativity. In J. A. Glover, R. R. Ronning, & C. R. Reynolds (Eds.), Handbook of creativity (pp. 93-110). New York: Plenum Press.

Wallach, M. A. (1971). The intelligence/creativity distinction. Morristown, NJ: General Learning Press.

Wallach, M. A., & Kogan, N. (1965a). Modes of thinking in young children. New York: Holt, Rinehart & Winston.

Wallach, M. A., & Kogan, N. (1965b). A new look at the creativity-intelligence distinction. Journal of Personality, 33, 348-369.

Walther, I. F. (2005). 파블로 피카소(Pablo Picasso) (정재곤 역). 파주: 마로니에북스.

Ward, T. B. (1991). Structured imagination: The role of conceptual structure in exemplar generation. Paper presented at the meeting of the Psychonomic Society, San Francisco.

Watson, J. D. (1968). *The double helix: A personal account of the discovery of the structure of DNA*. New York: New American Library.

Weisberg, R. W. (1999). Creativity and knowledge: A challenge to theories. In R. J. Sternberg (Ed.), *Handbook of creativity* (pp. 226-250). New York: Cambridge University Press.

Weisberg, R. W. (2006). *Creativity: Understanding innovation in problem solving, science, invention, and the arts*. Hoboken, NJ: John Wiley.

Zuckerman, H. (1977). *Scientific elite: Nobel laureates in the United States*. NJ: Transaction Publishers.

저자소개

임 웅(Lim Woong)

고려대학교 교육학과에서 학사학위와 석사학위를,
미국 인디애나 대학교 교육심리학과에서 박사학위
를 받았다. 인디애나 대학교의 교육학과에서 3년간
연구조교수를 한 후, 현재는 한국교원대학교 교육
학과에 교수로 재직 중이다. 2003년 미국영재학회
(NAGC)에서 '최우수 박사상'을, 2004년 미국
MENSA에서 수여하는 '올해의 연구상'을 수상하였
다. 창의와 지능 그리고 교수·학습과 연구 설계 등
에 관심이 있으며, 기업 및 공공기관 그리고 학교에
적합한 창의향상 프로그램을 개발하고 이를 실제로
적용하는 작업을 계속하고 있다.

이메일: wlim@knue.ac.kr
홈페이지: http://www.clec.co.kr

새롭지 않은 새로움에게 새로움의 길을 묻다
창의를 만드는 네 가지 비법

Two kinds of novelty:
Understanding two processes for creativity

2014년 5월 30일 1판 1쇄 발행
2018년 6월 20일 1판 8쇄 발행

지은이 • 임 웅
펴낸이 • 김 진 환
펴낸곳 • (주) **학지사**
04031 서울특별시 마포구 양화로 15길 20 마인드월드빌딩 5층
대표전화 • 02) 330-5114   팩스 • 02) 324-2345
등록번호 • 제313-2006-000265호
홈페이지 • http://www.hakjisa.co.kr
페이스북 • https://www.facebook.com/hakjisabook

ISBN 978-89-997-0388-1 03190

정가 14,000원

이 도서의 국립중앙도서관 출판시도서목록(CIP)은 서지정보유통지원시스템
홈페이지(http://seoji.nl.go.kr)와 국가자료공동목록시스템(http://www.nl.go.kr/kolisnet)
에서 이용하실 수 있습니다.
(CIP제어번호: CIP2014015078)

교육문화출판미디어그룹 **학지사**
학술논문서비스 **뉴논문** www.newnonmun.com
심리검사연구소 **인싸이트** www.inpsyt.co.kr
원격교육연수원 **카운피아** www.counpia.com
간호보건의학출판 **정담미디어** www.jdmpub.com